Freiheit, Gerechtigkeit und Aufrichtigkeit

Christine E Burke IBVM

Mary Ward, die 1585 im protestantischen England geboren wurde, gehörte zu einer katholischen Familie, die in der Spannung zwischen Religion und Politik verfangen war. Dieses Buch ist ein Versuch, die Geschichte Mary Wards zu erzählen und aus ihrem besonderen Weg als Jüngerin einige Folgerungen für uns heute zu ziehen. Wenn man über ihr Leben und ihr Werk schreibt, ist es etwas schwierig, textlich genau zu sein. Bis Anfang 2008 gab es keine wissenschaftliche Ausgabe ihrer Schriften. Die vier Bände, die in dem Jahr veröffentlicht wurden, sind eine deutsche Ausgabe, mit einigen Englischen Schriften, aber die meisten sind in Latein oder Italienisch und alle Anmerkungen sind in Deutsch.

Dieses Buch wurde geschrieben, bevor jene Bände verfügbar waren und stützt sich deshalb auf Sekundärquellen und Fragmente von Zitaten. Die Quellen schließen einige autobiographische Fragmente ein, Exerzitienaufzeichnungen, ein Bericht von einigen Ansprachen, aufeinander folgende Pläne für ihre Kongregation, einige Briefe an ihre Freunde und Kirchenobere, eine kurze Biographie, geschrieben von ihren Gefährtinnen und eine erstaunliche Reihe von 50 Gemälden über ihr Leben. Die vorrangigen Adressaten dieses Buches sind die vielen engagierten Lehrerinnen und Lehrer in Schulen, die unter der Schirmherrschaft des Instituts der Seligen Jungfrau Maria und der Congregatio Jesu geführt werden, die beide das Charisma und das Erbe Mary Wards teilen. Es wendet sich auch an diejenigen, die ihr Verständnis der Spiritualität dieser Frau als Gefährtin auf dem eigenen, persönlichen Weg vertiefen wollen.

Freiheit, Gerechtigkeit und Aufrichtigkeit:

Reflexionen über das Leben

und

die Spiritualität Mary Wards

Christine Burke IBVM

Englische Ausgabe erschienen in Australien bei
ATF Press
PO BOX 504
Hindmarsh SA 5007

Titel des Originals:
Freedom, Justice and Sincerity: Reflections on the Life and Spirituality of Mary Ward
© Christine Burke IBVM

ISBN: 9781921511
Erste Ausgabe 2009

Deutsche Ausgabe: Freiheit, Gerechtigkeit und Aufrichtigkeit: Reflexionen über das Leben und die Spiritualität Mary Wards
Übersetzung: M. Monika Uecker CJ 2011

Titelbild: Astrid Sengkey
Portrait von Mary Ward, 1621, Congregatio Jesu Augsburg (Foto: Tanner Werbung, Nesselwang)

Zum Andenken an meine Mutter,
(Doris) Eileen Burke,
die am 14. Februar 2009 gestorben ist.

,Gottes Liebe ist reich genug für uns alle'

Inhaltsverzeichnis

Einleitung

Geschichten aus der Vergangenheit nähren und erhalten Geist und Seele. Für Christen ist die größte dieser Geschichten die von Jesus: sein Leben, seine Worte und die Bedeutung, die er einem Leben gab, das so gelebt wurde, dass auch andere leben konnten. Aber außer ihm gibt es andere ,Propheten und Freunde Gottes' die uns im Alltag zeigen, was für Folgen es hat, ein Jünger zu sein—einer, der in die Fußstapfen dessen tritt, der vorausgeht.

Dieses kleine Buch ist ein Versuch, die Geschichte von Mary Ward (1585-1645) zu erzählen und herauszufinden, welche Folgerungen wir aus ihrem besonderen Weg als Jüngerin heute für uns ziehen können. Aber wer war sie und warum sich die Mühe machen? Ihre Geschichte wurde in den letzten 400 Jahren nur sehr zurückhaltend erzählt. Lange Zeit hindurch war die Rolle, die sie bei der Veränderung der Stellung der Frau in der Kirche spielte, von den Kirchenoberen unterdrückt worden, weil diese ihre eigenen, unerschütterlichen Ansichten darüber hatten, was Frauen erreichen konnten und was nicht. Von der Inquisition zum Schweigen gebracht, wurde Mary Ward bis 1909 die Anerkennung verweigert. Erst damals erlaubte die Kirche ihren Schwestern, sie Gründerin des Institutes der Seligen Jungfrau Maria zu nennen. Diese Frau, die mit ihrer Gemeinschaft von Schwestern in den Jahren 1609-11 begann, hat jetzt Mitschwestern in großen Städten, in kleinen Dörfern, in Schulen und Universitäten, in Pfarreien, in Netzwerken für Gerechtigkeit, geistlichen Zentren und sozialen Einrichtungen auf allen Kontinenten. Vierhundert Jahre nach ihrer Gründungsvision beziehen sie Kraft aus Mary Wards Leben und sehen Parallelen zu ihrem eigenen Leben. In vielen dieser Mary Ward Zentren gibt es ein Netzwerk von Mitschwestern und Mitarbeitern und Mitarbeiterinnen, die von ihrer Geschichte inspiriert werden. Dieses Buch wurde in dem Glauben geschrieben, dass Mary Wards Geschichte und Spiritualität ein Geschenk für viele in der Kirche ist, nicht nur für die, die in ihr Institut eintreten.

Wie es jeder herausragenden Persönlichkeit passiert, kann das Leitbild oder der ‚Mythos' von Mary Wards Geschichte zum Bezugspunkt werden, statt dass man sich Zeit nimmt zu fragen, welche Bedeutung spezielle Geschehnisse und Erfahrungen für sie selbst hatten, die den Schmerz und die Intensität ihres besonderen Lebensweges prägten. ‚Mary Ward unterrichtete Mädchen und wir führen diese Tradition fort' stimmt so weit, kann uns aber auch davon entbinden, nach den Quellen ihrer Lauterkeit im Angesicht der Zurückweisung durch die Kirche zu suchen und davon, neue Initiativen zu riskieren, selbst wenn andere glauben, dass sie Hirngespinste sind. Andererseits können wir viel übersehen und Nuancen ihrer Geschichte nicht verstehen, wenn wir das Milieu aus dem sie kam, nicht kennen.

Wenn man über Mary Ward schreibt, ist textliche Genauigkeit schwierig. Bis Anfang 2008 gab es keine wissenschaftliche Ausgabe ihrer Schriften. Die vier Bände, die in dem Jahr herauskamen, sind eine deutsche Ausgabe mit einigen englischen Schriften. Die meisten Dokumente sind aber in Latein oder Italienisch und alle Anmerkungen sind in Deutsch.[1]

Dieses Buch entstand, bevor die Bände verfügbar waren und stützt sich deshalb auf Sekundärquellen und Fragmente von Zitaten. Die Quellen schließen einige autobiografische Fragmente ein, Exerzitienaufzeichnungen, Aufzeichnungen von einigen Ansprachen, fortlaufende Pläne für ihre Gemeinschaft, einige Briefe an ihre Freunde und Kirchenobere, eine kurze Biografie von ihren Gefährtinnen und einen erstaunlichen Zyklus von 50 Gemälden über ihr Leben. Diese Gemälde wurden kurz nach ihrem Tod von ihren Schwestern in Auftrag gegeben und geben Zeugnis von deren Glauben, dass ihr Ruf eines Tages rehabilitiert werden würde. Es ist erstaunlich, dass diese Dokumente erhalten geblieben sind, wenn man die Geschichte des Instituts betrachtet, vor allem die Tatsache, dass die wichtigsten Häuser die Kriege in Europa durch vier Jahrhunderte hindurch überstehen mussten und dass der Befehl gegeben wurde, Bücher und Aufzeichnungen zu verbrennen.

Als ich dieses Buch schrieb, hatte ich als erste Zielgruppe die vielen engagierten Lehrer im Blick, die in Schulen arbeiten, die unter Schirmherrschaft des Institutes der Seligen Jungfrau Maria und der Congregatio Jesu stehen, welche beide das Charisma und das Erbe von

---

1.   Ursula Dirmeier, Mary Ward und ihre Gründung: die Quellentexte bis 1645. Bände 1-4 (Münster: Aschendorff, 2007)

Mary Ward teilen. Diese Frauen und Männer, die heute in vielen unserer Einrichtungen arbeiten, sind keine Mitglieder unserer Kongregationen aber es ist ihr leidenschaftlicher Wunsch, dieses reiche Erbe weiter zu geben. Es war mein Ziel, einige der Schlüsselerlebnisse des Lebens zu untersuchen—Mary Wards und unseres Lebens. Einige der Tugenden, die in ihrem Leben sichtbar werden, werden angeschaut um aufzudecken, was ihre Entscheidungen in ihrer Zeit bedeutet haben könnten. Einige Lehrkräfte—aber nicht alle—in der westlichen Welt verstehen in etwa den Umbruch, der von der Reformation auf dem Kontinent und in England verursacht wurde. Für Lehrer auf dem indischen Subkontinent oder in Korea, Ostafrika oder Südamerika ist die Verworrenheit des internen christlichen Machtkampfs inmitten des politischen Geschehens im Europa des 17. Jahrhunderts ein verwirrendes Rätsel. Er ist ihnen so fern wie es konkurrierende Asiatische Dynastien für den westlichen Verstand sind. Eine gewisse Kenntnis von Mary Wards Hintergrund ermöglicht es auch Menschen mit unterschiedlichen kulturellen Erfahrungen, auf diesem Hintergrund mitzuschwingen oder sich davon abzugrenzen.

Eine zweite Zielgruppe besteht aus denen, die danach streben, die Spiritualität dieser Frau als Begleiterin ihres eigenen spirituellen Weges besser zu verstehen. Mary Ward lebte ihre Berufung zur Gefolgschaft Jesu in radikaler Weise. Sie erkannte, dass sie, um ihm zu folgen, ihre Aufmerksamkeit unbeirrbar auf das richten musste, was Gott von ihr wollte. Sie wusste auch, dass—was auch immer es sie kosten mochte—diese Hingabe von ihrer Seite eine liebende Antwort auf einen liebenden Freund war—nicht etwas, das sie aus Furcht tat. Ihre Reise führte sie einen Weg, der auf vielerlei Weise dem Weg Jesu glich. Sie erfuhr den Schmerz, der diese Nachfolge ihr bereitete, aber sie vertraute auch die Dinge, die sie nicht beeinflussen konnte, Gottes Händen an. Ihr Leben lehrt uns Einfallsreichtum und Annahme, Mut und Mitleiden, Lauterkeit und Vertrauen.

Kapitel 1 erzählt die Geschichte ihres Lebens; Kapitel 2 informiert über den Hintergrund in England und im Europa ihrer Zeit; Kapitel 3 skizziert das spirituelle Erbe, welches sie aus ihrem Kontakt mit der Gesellschaft Jesu bezog; die Kapitel 4-6 untersuchen einige Aspekte ihrer Spiritualität und verbinden diese mit Themen, die auch in unserem Leben mitschwingen. Die Kapitel 7-9 beginnen mit Problemen, die offensichtlich zu unserem aktuellen Themenkatalog gehören—Frauen in der Kirche, Evangelisierung in der postmodernen Welt und das Verlangen nach Wahrhaftigkeit —und beleuchten diese Probleme mit einigen Erkenntnissen aus Marys Leben und ihren Aussagen.

Das internationale Institut der Seligen Jungfrau Maria versammelte sich Ende 2006 zur Generalkongregation in Peru. Die dort Versammelten konzentrierten das Erbe Mary Wards für die heutige Welt in die folgenden drei Aufforderungen:

- Auf die Leidenschaft Gottes zu achten und sich mit der Bedeutung des (Ordens)lebens heute auseinanderzusetzen
- Möglichkeiten bei anderen zu sein zu entwickeln, und nur solche, die einen Gott widerspiegeln, der die Beziehung sucht, der freigiebig ist im Geben, der Ebenbürtigkeit, Vielfältigkeit und Ansprechbarkeit in sich vereint.
- Das Profil unseres Engagements in der Kirche und in der Welt zu schärfen

Diese drei Aufforderungen scheinen mir für die Aufgaben relevant zu sein, die alle Christen erfüllen müssen, wenn sie Gott in einer Weise antworten wollen, die ‚beständig, wirksam und liebend' ist.

Der Stil dieser Kapitel spiegelt ein unterschiedliches Publikum und unterschiedliche Beschäftigungen wider. Ich hoffe, dass sie zu persönlicher Reflexion führen und dass etwas von Mary Wards Leben zu uns hinausreicht und uns Mut auf dem Weg der Kirche in dieser Zeit macht, in der es wieder die Frauen sind, die an der Spitze derer stehen, die die Notwendigkeit für Veränderung sehen. Das reine Zentrum ihres Lebens in der Nachfolge Jesu kann auch junge Menschen dazu bewegen, mit neuen Augen auf ihr Gebet ‚Freund aller Freunde' zu schauen und den herausfordernden Weg der Jüngerschaft zu riskieren. Wiederholungen sind unvermeidbar, weil sich von jenen Kapiteln, die einen Aspekt ihres Lebens untersuchen, ein Faden durch das ganze Gewebe zieht.

Teil Eins

Kapitel 1
Auf der Suche nach einem neuen Weg

---

*Gott wird euch beistehen und helfen; es ist nicht wichtig wer
(etwas tut) sondern dass (es getan wird). Und wenn Gott es
mir ermöglicht, am Ort zu sein, werde ich euch dienen.*[1]

Mary Ward, 1645

Gestalten der Weisheit sind diejenigen aus der Vergangenheit, deren
Leben unserer Zeit immer noch etwas Bedeutungsvolles zu sagen hat. Für
Christen ist natürlich Jesus die Weisheitsfigur par excellence, aber es gibt
noch eine ganze Wolke von Zeugen, Freunden Gottes und Propheten,
deren Stimmen sich heute in eindrucksvoller Weise erheben. Jeder von
uns kann eine Gestalt aus der Geschichte des Christentums nennen, sei
es in jüngerer Zeit oder in der Vergangenheit, die uns sehr angesprochen
hat; wir erinnern uns an die Qualitäten, die uns in seiner oder ihrer
Geschichte angesprochen haben.

Geschichte ist weithin geschrieben worden, um diejenigen zu ehren, die Erfolg hatten. Aber manchmal dringt eine recht überraschende
Stimme aus der Vergangenheit in die Gegenwart, die aus dem Leben und
der Erfahrung von Menschen stammt, die in ihrer eigenen Zeit unterdrückt wurden. Mary Ward ist eine von ihnen. Sie wurde von Kirchenführern verurteilt, die unfähig waren, sich neue Rollen für Frauen vorzustellen. Durch Jahrhunderte hindurch zum Schweigen gebracht, bleibt
sie unerkannt unter denen, die als offizielle Heilige der Kirche kanonisiert
sind. Trotzdem bietet uns ihre Hingabe an Gott, ihr Humor, ihre Integrität

---

1. Mary Ward auf dem Sterbebett zitiert in einem Brief von Mary Pointz geschrieben am
folgenden Tag, 31. Januar 1645. Gillian Orchard, Till God Will: Mary Ward through
her writings (London: Darton, Longman and Todd, 1985), 121. Dieses Kapitel ist eine
Bearbeitung eines Artikels der ursprünglich in dem Heft Women—Church; Feminist
Studies in Religion 11 (1991) erschienen ist.

3

und ihre Fähigkeit Vergebung und Versöhnung zu leben weiterhin eine einzigartige Botschaft an.

Ihre Lebensumstände

1585 im protestantischen England geboren, gehörte Mary Ward zu einer katholischen Familie, die in den damaligen Spannungen zwischen Politik und Religion gefangen war. Wie Viele auf beiden Seiten des Kampfes zwischen den Reformatoren und Rom, legte ihre Familie mehr Wert auf das Recht, dem eigenen religiösen Glauben und der eigenen Spiritualität zu folgen, als auf Status, Komfort oder Besitz. Als führende Köpfe im Widerstand, erlebten sie abwechselnd Zeiten im Gefängnis und den Verlust von Besitz und dann aktiveren Widerstand mit Zeiten von Untergrundaktivitäten und Flucht. Kinder, die in diesen Häusern aufwuchsen, kannten die entscheidende Bedeutung des Glaubens. Sie waren darüber hinaus stolz auf ihr Land, liebten es und waren höchst sensibilisiert dafür, wie wichtig es war, auf das eigene Gewissen zu hören. Marys Familie zog häufig um, um Gefangenschaft zu vermeiden und keine Geldstrafen zahlen zu müssen, weil sie den protestantischen Gottesdienst nicht besuchten. Da sie enge Verbindungen zu führenden katholischen Familien hatten, brachten ihre Eltern Mary, die älteste von fünf Kindern, für die meiste Zeit ihrer Jugend in anderen Familien unter. Einige Frauen dieser Familien—insbesondere Marys Großmutter Ursula Wright und Lady Grace Babthorpe— hatten ihres Glaubens wegen Jahre im Gefängnis verbracht. Obwohl sie Spione fürchteten, führten sie Häuser, die in mancher Hinsicht dem geordneten Leben der Klöster ähnelten. Mary erhielt eine Erziehung, die sowohl Bildung in Englisch, Latein und möglicherweise Französisch, als auch eine solide Grundlage für das geistliche Leben einschloss.

Mary wurde in eine katholische Kirche hineingeboren, die sich neu formierte—nach 60 Jahren, die durch einen verheerenden Verlust an Menschen und Macht geprägt waren, da sich ganze Länder von der Leitungsgewalt der römischen Kirche befreiten. Sowohl die strengere Verteidigung des Glaubens als Reaktion auf die Reformatoren als auch die spirituelle und theologische Erneuerung im Innern der Kirche beseitigten manchen Missstand und brachten der Kirche neue Energie. Furcht und Spannungen schürten jedoch eine Zentralisierung der Jurisdiktionsgewalt, die allen, die neue Ideen oder Visionen hatten, Schlechtes verhieß. Während die nördlichen Länder wie England oder die spanischen Nie-

derlande erfahren hatten, dass Frauen zu Unternehmungsgeist und Füh-
rerschaft fähig waren, bestand diese Möglichkeit im Kirchenstaat nicht.

Ihre Berufung

Als junge Frau fand Mary heraus, dass jede Beziehung zu Gott auf
Freiheit gründen muss, dass Angst und Schuld die Liebe zerstören: ‚Ich
werde diese Dinge (kleine religiöse Praktiken) mit Liebe und Freiheit
tun oder sie lassen.'[2] Sie lernte auch Unabhängigkeit, konkret: sich gegen
Anweisungen zu entscheiden, die angeblich von ihrem Vater kamen und
ihr verboten, zur ersten heiligen Kommunion zu gehen. Sie war erst zwölf
Jahre alt, aber sie entschied, dass diese Anweisung so gar nicht zu ihm
passte, so dass der Befehl falsch sein musste. Trotz des Drucks von Seiten
ihrer Familie, lehnte sie einige Heiratsanträge ab, sogar als man hoffte,
dass einer von ihnen zwei treue katholische Familien verbinden und
damit den Widerstand stärken würde. Eine innere Sicherheit, dass Gott
die Mitte ihres Lebens werden sollte, zog sie zu einem Leben in völliger
Abgeschiedenheit—zu dieser Zeit die einzige Möglichkeit, die jungen
Frauen offen stand, die das Ordensleben anstrebten.

Nachdem sie sich sechs Jahre lang auf diese Weise behauptet hatte,
brachte sie ihre Familie und ihren geistlichen Begleiter endlich so weit,
zu akzeptieren, dass das Ordensleben wirklich ihre Berufung war. Diese
Entscheidung bedeutete einen riesigen Umbruch. In England war jegli-
che Ausübung der katholischen Religion verboten. 1605 verließ sie ihre
Familie und ihr geliebtes England und überquerte den Kanal. Sie reiste
mit falschen Papieren und umging die Geheimpolizei in einer Weise, die
derjenigen der Bootsflüchtlinge in heutiger Zeit ähnelte. Im Gegensatz
zu heute wurden diese Flüchtlinge in den katholischen Niederlanden
willkommen geheißen, trotz der Überfülle von Menschen dort, die aus
den fünfzig Jahren religiöser Verfolgung in den umliegenden Ländern re-
sultierte. Mary Ward war völlig fremd, als sie dort ankam, und ging zum
Englischen Kolleg der Jesuiten. Dort sagte ihr ein Priester, es sei Gottes
Wille, dass sie als Laienschwester bei den Armen Klarissen eintreten
solle. Es zeigte sich, dass damit keine Abgeschiedenheit verbunden war,
sondern dass sie von Tür zu Tür gehen musste, um Essen für die Gemeinschaft zu erbetteln. Vielleicht rührte ihre besondere Sorge für die Armen
und die Leichtigkeit, die sie im Umgang mit ihnen zeigte, aus dieser ei-

---

2. Orchard, 10, zitiert nach der italienischen Version ihrer Autobiografie.

genen Erfahrung von deren Lebensweise. Ihr wurde klar, dass das nicht der Weg war, auf den Gott sie rief, aber sie blieb doch fast ein Jahr in dieser Lebensform. Sie rieb sich dabei gesundheitlich auf, weil dieses Leben sehr hart war. Dabei vertiefte sich ihr Vertrauen in die göttliche Vorsehung. Dieses Vertrauen war ihre Grundlage in späteren Jahren, in denen sie und ihre Gefährtinnen oft Mangel an angemessener Unterkunft, Geld, Essen, Transportmitteln und sogar Schreibpapier litten.

Nachdem sie dieses Kloster verlassen hatte, war Marys nächster Schritt die Gründung eines Klarissenklosters für englische Frauen. Sie wollte keine Halbheiten und sah dies als die strengste Regel an. Als Ausländerin und junge Frau von 22 oder 23 wandte sie sich an den Bischof, die Stadtherren, an den Hof der örtlichen Regentin, Isabella Clara Eugenia, der Tochter Philips von Spanien, um den Bau eines passenden Konvents zu organisieren. Er wurde innerhalb von zwei Jahren fertig gestellt. Der Bischof sorgte dafür, dass einige der englischen Mitglieder des früheren Konvents Gründungsmitglieder wurden. Mary fand einen Jesuiten, der diesen ersten Mitgliedern die dreißigtägigen Exerzitien gab. Als Mitglied welches das Ordenskleid noch empfangen sollte, zeigte sie bemerkenswerte Talente in Organisation, Verhandlung und Überzeugung. Sie brauchte sie auch dringend, weil die ortsansässigen Einwohner sich sträubten, noch einen Konvent zu haben, den sie unterstützen mussten, und auch diejenigen, die von dem anderen Konvent versetzt wurden, sich diesen Umzug nicht unbedingt wünschten. Obwohl ihr Unternehmen sehr erfolgreich war, erkannte Mary nach ein paar Monaten im Gebet, dass die abgeschiedene klösterliche Lebensweise und das Gebet in der Stille nicht ihr Weg war. Diesmal hatte sie keine Unterstützung bei ihrer Suche nach dem Willen Gottes. Alle, ihr Beichtvater eingeschlossen, waren entsetzt über ihre Entscheidung. In der Einsamkeit dieser Zeit war sie sicher, dass Gott in ihr am Werk war, trotz des ungünstigen Beginns. Daraus entwickelte sie ihre Fähigkeit zur Unterscheidung, die bei ihr ein Leben lang wuchs.

Mit 24, verspottet als entlaufene Nonne, war sie allein. Zurück in England, nutzte sie ihre Zeit und ihr Geld dazu, den Glauben der anderen aufzubauen. Sie wartete darauf, dass Gott ihr den nächsten Schritt zeigte. Die Erfahrung, die ihr zeigte dass Gott sie zu etwas anderem, als der Lebensweise in der Klausur rief, kam, als sie sich vor dem Spiegel frisierte. Es war keine Erfahrung von der Art ,eitel, eitel, alles ist eitel' sondern eine tiefe und bewegende Bestätigung, dass sie Gottes Ehre dienen konnte, eine Bekräftigung, dass sie etwas dazu beitragen konnte—in einer neuen, aber noch ungeklärten Weise. Eine Gruppe junger Frauen fühlte sich angezogen von ihrer Vision eines Lebens der Hingabe an Gott, das mit einem aktiven Dienst am Mitmenschen verbunden sein sollte. Winifred Wigmore, Barbara Babthorpe, Susanna Rookwood, Catherine Smith, Johanna Browne, (eventuell mit Mary Poyntz als Schülerin) und ihre eigene Schwester Barbara Ward schlossen sich ihr an, als sie wieder an Bord ging um den Kanal zu überqueren. Sie kauften ein Haus in St. Omer das sie so einrichteten, ,dass sie ordensähnlich leben konnten. Ihre Kleidung war bescheiden und zurückhaltend aber kein Ordenskleid.'³ Dort begannen sie mit einer Schule für englische Mädchen, von denen viele Brüder hatten, die das nahegelegene Jesuitenkolleg besuchten, und einer Schule für die Mädchen der Stadt. Als kleiner Kreis von Freundinnen, ohne viel Geld oder anerkannten Status, warteten sie zwei Jahre lang, beteten und fasteten, um zu erkennen, welche Form dieses Zusammenleben annehmen sollte.

Auf der Suche nach einem neuen Weg

Dieses Warten zwischen 1609 und 1611 steht im Gegensatz zu Marys früherer und späterer Fähigkeit, schnell voranzugehen. Ende 1611 erhielt sie Klarheit. Mary war an Masern erkrankt und auf dem Weg der Genesung, als sie im Gebet, und zwar intellektuell die Ausrichtung verstand, die sie nehmen sollte. Die wenigen Worte:

> ,Nimm die der Gesellschaft . . . schenkten ein solches Übermaß an Erleuchtung in diesem Institut (Regel), so viel Trost und Kraft und veränderten meine ganze Seele so, dass ich unmöglich daran zweifeln konnte, dass sie von Ihm kam, dessen Worte Taten sind. Mein Beichtvater war dagegen, die ganze Gesellschaft wehrte sich, viele Pläne wurden von vielen Personen entworfen und einige von ihnen wurden von dem letzten Bischof Blaise von St. Omer, unserem großen Freund und von anderen Geistlichen gut geheißen und uns sehr empfohlen. Man bot sie uns an, drängte sie uns sogar auf; wir konnten nicht anders, wir mussten sie ablehnen. Das verursachte uns endlose Schwierigkeiten.'⁴

---

3. Orchard, 28, zitiert nach ,A Brief Relation', eine Lebensbeschreibung verfasst von ihren ersten Gefährtinnen.
4. Orchard, 29 und 33, zitiert aus Marys Brief an Nuntius Albergati 1620.

Entscheidende Einflüsse ihrer Jugend hatten sie für die ignatianische Spiritualität empfänglich gemacht, aber bis dahin hatte noch niemand die Möglichkeit erwogen, dass eine Frauengemeinschaft nach den Regeln der Gesellschaft Jesu leben könnte. Jetzt sah sie das als den Weg, den Gott ihr zeigte und dem sie folgen sollte. Als es 1619 in der Gemeinschaft Meinungsverschiedenheiten darüber gab, ob es weise sei, diesem Weg zu folgen, schreibt sie:

> ‚Dies sind die Worte, deren Wert nicht hoch genug eingeschätzt werden kann; das Gute das sie enthalten, kann nicht zu teuer erkauft werden; sie gaben Klarheit, wo keine war, machten klar was Gott getan haben wollte, gaben Kraft, das zu erleiden, was seither geschehen ist, Sicherheit über das was in der Zukunft gewünscht wird. Und wenn ich es jemals wert bin, mehr für das Institut zu tun, muss ich mich danach richten.‘[5]

Dass sie an diesem Weg festhielt, sollte ihr jedoch keine Freunde schaffen. Obwohl Mary ganz klar sagte, dass sie keine rechtliche oder strukturelle Verbindung zum Jesuitenorden knüpfen wollte, waren Jesuiten und Nichtjesuiten gleichermaßen bestürzt. Die Jesuiten waren Männer, die an den Universitäten und den theologischen Schulen Europas die beste Ausbildung genossen. Sie waren privilegiert, weil sie von der Klausur und vom gemeinsamen Chorgebet befreit waren und sich frei in den Diözesen bewegen durften. Sie waren nicht dem Ortsbischof unterstellt, weil sie durch ihren Generaloberen direkt dem Papst unterstanden. Dass Frauen diese Lebensweise anstrebten, war damals undenkbar. Ein aktives Apostolat für Frauen hatte allerdings, wie viele gute Ideen, einige parallele Bewegungen auf seiner Seite. In ganz Europa begannen Frauen mit ähnlichen Projekten. Aber meistens überredete man sie dazu, sie nicht mit dem Ordensleben zu verbinden, oder sie änderten ihre Pläne gemäß der Rechtsordnung der Kirche, die auf Ordenskleid und Klausur bestand. All diese Gruppen arbeiteten unter der Jurisdiktion des Ortsbischofs oder eines männlichen Oberen.

Mary und ihre Freundinnen waren davon überzeugt, dass Gott eine Frauengemeinschaft wollte, die von einer Frau geführt wurde, nur dem Papst unterstand und frei war, um sich senden zu lassen, wohin immer

---

5.   Brief an Fr John Gerard, 1619. Zitiert in A Soul Wholly God's (Calcutta: Don Bosco Graphic Arts, no date), 45.

es nötig war, um den Glauben zu verteidigen und zu fördern ‚mit allen Mitteln, die der Zeit angemessen waren'. Um in England arbeiten zu können, würden ihre Mitglieder in den Häusern der Reichen oder der Dienerschaft wohnen müssen, so dass Klausur und Ordenskleid unmöglich wären. Mary Ward hielt es für selbstverständlich, dass Frauen die Fähigkeit hatten, die Zeichen ihrer Zeit zu verstehen, entschieden zu handeln, wo die Not am größten war und in solcher Umgebung ihrer Berufung treu zu bleiben. Zwei Hauptnöte ihrer Zeit waren die Glaubenserziehung Erwachsener, der sich ihre Schwestern heimlich in England widmeten und Bildungsmöglichkeiten für Mädchen, die sie in Schulen überall in Europa entwickelten. Mary wollte, dass die Frauen ihrer Gemeinschaft sowohl als Ordensfrauen in der Kirche leben konnten als auch die Freiheit genossen, die notwendig war um kreativ mit Menschen zu arbeiten. An keiner der beiden Forderungen machte sie Abstriche. Sie wollte, dass ihre Gruppe Gesellschaft Jesu genannt werden sollte.

Widerstand

In den nächsten Jahren entwarf Marys geistlicher Begleiter, P. Roger Lee, einen Plan für das Institut. Er wurde von seinen Oberen im Jesuitenorden bedrängt, die Richtung in die Mary Ward strebte, zu blockieren. Dieser erste Plan enthielt also keinen Hinweis auf Marys zentrale Überzeugung, dass ihre Gemeinschaft ein Frauenorden nach den Konstitutionen der Jesuiten sein sollte. Mary hatte Roger Lee gegenüber Gehorsam gelobt, so dass sie sich in einem Dilemma befand.

Kurz vor seinem Tod 1615, schrieb sie ihm über eine tiefe spirituelle Erfahrung in ihren Exerzitien, in der sie weitere Erkenntnisse über diese Lebensweise für Frauen gewann. Die Worte Freiheit, Gerechtigkeit und Aufrichtigkeit enthielten für sie den Kern der Spiritualität, die apostolische Frauen brauchten. Sie sollten frei sein von unangemessenen Bindungen, so dass sie immer alles auf Gott beziehen konnten, bereit sich allen Werken der Gerechtigkeit zu widmen und bereit ‚so zu erscheinen wie wir sind und so zu sein, wie wir erscheinen'. Das war eine neue Weise, die ignatianische Einsicht auszudrücken, dass Gott uns im Alltag begegnet und durch den Dienst am Nächsten zur Heiligkeit ruft. Den Frauen fehlten die Bildungsmöglichkeiten, die Männern zur Verfügung standen, deshalb begriff Mary, dass sie, um den Glauben angemessen verteidigen zu können, eine Spiritualität brauchten, die in einer großen Offenheit gegenüber Gottes Gnade gründete, so dass ‚wir aus Gottes Händen wahre

Weisheit empfangen und die Fähigkeit all die Dinge zu tun, die dieses Institut von uns verlangt.[6] Irgendwann in den Jahren um 1615-1620 scheint
Mary ein Exemplar der Jesuitenregel und vielleicht sogar der Konstitutionen erlangt zu haben. Der dritte Plan für das Institut, der nach 1617
verfasst wurde, hat eine klare ignatianische Ausrichtung.

Zwischen 1611 und 1620 reiste Mary einige Male nach England, wo
sie sich ihren Gefährtinnen anschloss, die ihren Dienst umherwandernd
ausübten, gekleidet als Dienerin oder als vornehme Dame, je nachdem wie
es die Situation verlangte. Ihre Gegenwart wurde geheim gehalten, sogar
manchen Priestern gegenüber. Sie wurde mindestens einmal gefangen
genommen und entkam den Spionen der Regierung öfter nur knapp. Der
Erzbischof von Canterbury dachte, dass ‚sie mehr Schaden anrichtete, als
sieben Jesuiten‘. Mary sah das als großes Lob an, aber wahrscheinlich fand
es keinen so guten Anklang bei den Jesuiten in der englischen Mission.
Der Weltklerus, der sich schon im Streit mit den Jesuiten befand, sah diese
Frauen als weitere Form jesuitischer Unterwanderung an. Die Jesuiten
andererseits wollten nichts mit Frauen zu tun haben, die es wagten
eine Lebensweise anzustreben, an die sich nur gut ausgebildete Männer
heranwagen sollten. Berichte gingen nach Rom über ‚galoppierende
Mädchen‘ und ‚umherwandernde Klatschweiber‘. Einige Jesuiten
berichteten ihrem General, dass der Einfluss dieser Frauen wuchs und man
ihnen Einhalt gebieten müsse. Die Konstitutionen verbaten den Jesuiten,
Verantwortung für einen Frauenorden zu übernehmen. Man befürchtete
—wahrscheinlich zu recht—dass einige Jesuiten eine zu bedeutende Rolle
in der Ausformung dieser Gemeinschaft spielten, die sich anmaßte, eine
Ordensgemeinschaft zu sein.

Aus dem Jahr 1617 haben wir einen Bericht von Marys entschiedener
Antwort auf einen englischen Priester, der zu Besuch war. Er bemerkte,
dass der Eifer dieser wachsenden Frauengruppe bald nachlassen würde,
weil sie ja ‚nur Frauen‘ sind! Mary erkannte, dass dieses Vorurteil, dass
Frauen unfähig zu einer ausdauernden Beziehung zu Gott seien dem Vertrauen ihrer Mitschwestern schaden konnte und bezeichnete seine Aussage als:

> ‚Eine Lüge, und aus Respekt dem guten Priester gegenüber
> will ich sagen, es ist ein Irrtum. Ich wünschte zu Gott, dass
> alle Männer diese Wahrheit verstünden, dass Frauen, wenn

---

6.   Brief an Fr Roger Lee, Allerheiligen 1615, zitiert in *A Soul Wholly God's*, 44.

sie vollkommen sein wollen und Männer uns nicht glauben machen wollten, dass wir nichts könnten und nur Frauen seien, große Dinge tun könnten.'[7]

Sie drängte ihre Mitschwestern, ‚die Wahrheit zu lieben' und wahre Erkenntnis zu suchen, denn dies würde sie der Weisheit Gottes näher bringen, der die Wahrheit selbst ist.

In diesen Jahren gab es in der zweiten Kommunität in Lüttich Unzufriedenheit im Innern. Finanzielle Verwicklungen und Probleme verschlechterten die Situation. Einige Jesuiten, die gegen Marys Pläne waren, fachten den Konflikt an. Als Antwort darauf war es möglich, dass die Mitglieder sich in einem Zivilkontrakt an Mary als Generaloberin banden, weil ihre Gelübde ja von der Kirche noch nicht offiziell anerkannt waren. Dieser Schachzug sollte sie einigen, bis ihre Regel anerkannt war. Es war klar, dass die Anerkennung aus Rom unerlässlich war, wenn sie der wachsenden negativen Stimmung, der sie sich gegenüber sahen, standhalten wollten. Im Oktober 1621 verließ Mary mit einigen Gefährtinnen Lüttich und begann die erste ihrer Reisen zu Fuß durch Europa. Sie waren arm: die Gesellschaft von acht Personen hatte zwei Pferde, eins für das Gepäck und eins um ‚es derjenigen leichter zu machen, die erschöpft ist'. Sie legten die Reise von 1500 Meilen durch Regen und Schnee zurück, überquerten die Alpen und kamen Weihnachten in Rom an.

Mary präsentierte ihren Plan dem Papst persönlich und hoffte auf eine schnelle Antwort. Sie musste auf schmerzliche Weise lernen, dass Rom sich Zeit lässt und nicht notwendigerweise in einem Prozess unparteiische Entscheidungen trifft. Sie widerstand jeder Versuchung, ausweichend zu berichten und bestand immer wieder darauf, dass das, was sie erbaten, möglich und wertvoll sei; sie konnte auf zehn Jahre tatsächlicher Praxis hinweisen. Sie sah sich jedoch einer unbeugsamen Ideologie gegenüber, gestützt von ständigen Berichten von Priestern aus England, die die Frauen, die diese neue Lebensweise unternahmen, in Verruf brachten. Ihre Gegner konnten sich auf die neu formulierte Canones von Trient berufen und taten es auch. Statt sich durch deren Spione und die Missbilligung, die sie äußerten, einschüchtern zu lassen, gründete Mary Häuser und Schulen in Rom und Neapel und bat ihre Gegner, sich so davon überzeugen zu lassen, dass ihre Lebensweise möglich war.

---

7. Orchard, 58.

Jedoch wirkten genau die Methoden, die Mary einsetzte, um ihren Plan voranzubringen, gegen sie. Eine Frau, die mit den Kardinälen Latein sprach, als sie ihren Fall erörterte, war eine Anomalie, die nicht gefördert werden durfte. Ausgedehnte Verdächtigungen, Anspielungen und unbestätigte Gerüchte über ihr persönliches Leben und das ihrer Schwestern zeigen, dass Bemühungen, Menschen die anders denken und handeln, in Verruf zu bringen und herabzusetzen, eine lange Geschichte haben. Die Machthaber waren fest entschlossen, diese Gruppe für immer auszurotten, aber sie verhandelten hinter verschlossenen Türen. Sie kamen nicht heraus um ihr zu sagen, dass keine Hoffnung auf Anerkennung bestand.

Die zehn Jahre zwischen ihrer Ankunft in Rom und der Unterdrückung ihres Institutes, können unterschiedlich dargestellt werden. Man kann die Angriffe auf ihre Integrität betonen, den Mangel an Ehrlichkeit im Umgang mit ihr, die Unfähigkeit die engen Grenzen zu überschreiten, die das Denken der Kirchenobrigkeit prägte. In einem Brief an ihre Freundin Winifred Wigmore beschreibt Mary diese Zeit als ,lange Einsamkeit'. Es war auch eine Zeit der Läuterung, in der sie lernte, alles Gott zu überlassen.

Andrerseits begann Ende 1620 eine unglaubliche Ausbreitung des Instituts. Frustriert von den Verzögerungen in Rom begann Mary ihre Rückreise nach Norden. Sie machte einen Umweg über München, wo der regierende Herzog von Bayern sie bat, eine Schule zu eröffnen. Das führte zu einer Serie von ähnlichen Anfragen aus München, Wien, Prag und Preßburg. Die politischen Führer erkannten den Wert dessen, was sie anbot, während die Kirchenoberen sich von vergangenen Modellen des Ordenslebens für Frauen leiten ließen. Diese schnelle Ausweitung des Wirkungskreises der noch jungen Gruppe strapazierte die schmalen Vorräte an Geld und Personal bis zur Grenze der Belastbarkeit. Wir können diese Ausweitung als vermessen ansehen oder auch als großherzige Anstrengung irgendwie das zu bewerkstelligen, was Gott der Gemeinschaft aufgetragen hatte, wie Mary glaubte. Vielleicht trifft beides zu.

1630 begann die Unterdrückung des Instituts. Der dreißigjährige Krieg zwischen den deutschen Territorialherren verschlechterte die ohnehin dürftigen Kommunikationsmöglichkeiten dieser Zeit noch. Nachrichten brauchten lange. Noch länger brauchten Nachrichten aus Rom. Mary Ward wurde klar, dass ihr Institut möglicherweise nicht anerkannt werden würde, aber die Aufhebung der Häuser war eine negative Antwort, die sie nicht erwartete. Die Nuntien der verschiedenen Regionen wurden angewiesen, die Häuser des Instituts in ihren Gebieten zu schließen. Niemand bemühte sich, Mary von diesem Dekret zu informieren. Sie hatte den Papst 1629 besucht, aber er versäumte es, sie von dieser grundlegenden Tatsache in Kenntnis zu setzen. Sie hatte so viel Bosheit von ihren Feinden ertragen, dass sie als sie von ihnen hörte, annahm, dass diese Ankündigungen eine weitere Spielart von deren heimtückischen Wirken sei. Sie schickte Winifred Wigmore nach Lüttich, um ihre Mitschwestern dort zuverlässig darüber zu informieren, dass die Gerüchten über die Unterdrückung nicht wahr waren. Tatsächlich waren die Befehle dazu jedoch wirklich gegeben worden. Mary wurde in München als Häretikerin gefangen genommen, die sich weigerte, die päpstliche Autorität anzuerkennen. Winifred ereilte in Lüttich ein ähnliches Schicksal.

Alle Schwestern ausgenommen die im Münchner Haus, wo der Kurfürst sich weigerte sie auszuquartieren, wurden aus ihren Häusern ausgewiesen und sie durften nicht mehr als Ordensfrauen leben. Ihre Schulen wurden geschlossen. Es ist schwer, sich die Auswirkungen der Unterdrückung auf diese Frauen vorzustellen. Sie wurden Häretikerinnen genannt, öffentlich beschimpft mitten im Krieg und weit entfernt von ihrer Heimat ohne jede Unterstützung zurückgelassen. In Lüttich, wo detaillierte Berichte über die Befragung der Schwestern existieren, argumentierten einige von ihnen damit, dass sie das Recht hätten, den Lebensstand zu wählen, den sie wollten. Sie hatten private Gelübde abgelegt, die zwischen ihnen und Gott galten. Niemand sonst konnte sie für ungültig erklären. Selbst wenn ihre Lebensweise von Rom nicht anerkannt wurde, löste das nicht ihren Zivilkontrakt mit Mary Ward. Für Frauen, die keine Kenntnisse im Rechtswesen hatten, zeigten sie, dass sie die Angelegenheit sehr gut verstanden. Wahrscheinlich überlebte jedoch nur eine Handvoll diese verheerende Zeit.

Mary wurde zusammen mit einer anderen Schwester in einer schmutzigen und engen Zelle untergebracht, und von jeder Kommunikation mit der Außenwelt abgeschnitten. Sie und ihre Gefährtinnen hatten jedoch schon die Verfolgungszeit in England durchlebt. Ihre ‚Zitronensaftbriefe‘, die sie schrieb, um nicht von der Obrigkeit entdeckt zu werden, sind noch heute in Deutschland erhalten. Sie starb fast in ihrer Gefängnishaft. Sie durfte die hl. Kommunion nicht empfangen, wenn sie nicht ein kompromittierendes Schuldeingeständnis unterschrieb. Sie weigerte sich und setzte stattdessen eine Loyalitätserklärung dem Papst gegenüber auf. Mary drängte ihre Gefährtinnen in ihren geheimen Briefen, sich mit dem Papst in Verbindung zu setzen und ihn von ihrer Gefangenschaft zu unterrichten. Nach zwei Monaten wurde sie auf seine Weisung hin entlassen, aber von der Inquisition nach Rom beordert. Einige Monate lang konnte sie wegen ihrer sehr schwachen Gesundheit nicht reisen. Inzwischen wurde die Unterdrückungsbulle öffentlich in und um Rom angeschlagen und in den Gebieten, wo ihre Schwestern gearbeitet hatten. Die Formulierungen sind grimmig und brutal, und bezeugen wenig Mitgefühl oder Treue zur Wahrheit.[8]

Als Mary 1632 in Rom ankam, ging sie direkt zum Papst. Er stimmte ihr zu, dass sie keine Häretikerin sei und nie eine gewesen ist. Er erlaubte ihr, die wenigen verbliebenen Gefährtinnen um sich zu sammeln. Sie durften jedoch keine Anerkennung als Ordensgemeinschaft mehr anstreben. Die Inquisition überwachte sie weiterhin und sie durfte Rom nicht verlassen. Schließlich siegte 1637 ihr schlechter Gesundheitszustand und man erlaubte ihr, nach Norden zu reisen, um eine Kur in Spa zu machen. Im Jahr darauf reiste sie weiter nach England. Hier fand sie durch die Königin Henrietta Maria (die Französin und Katholikin war) etwas Schutz in London, aber der Ausbruch des Bürgerkriegs behinderte ihre Pläne für eine Schule. Die Gruppe ging nach Norden, in die königliche Hochburg York, die auch Marys Heimat war. Trotz der Kriegswirren blieben sie unversehrt, obwohl sie ein paar Mal umziehen mussten, um ihre Sicherheit zu gewährleisten.

Ende 1644 jedoch verschlechterte sich Marys Gesundheitszustand. Weil sie wusste, dass Mary besorgt auf Nachrichten von ihren in Rom und München verbliebenen Gefährtinnen wartete, bot Winifred Wigmore— die wie Mary ungefähr 60 Jahre alt gewesen sein musste—an, sich durch die kriegsführenden Armeen hindurch zu Fuß nach London durchzuschlagen, um nach Briefen oder sonstigen Nachrichten zu suchen. Das tat sie und sie kam Ende Januar zurück, als Mary auf ihrem Sterbebett lag. Sie brachte die Nachricht, dass ‚alle Unsrigen in Rom und anderswo am Leben sind und es ihnen gut geht‘. Mary starb eine Woche später, am Morgen des 30. Januar. Drei ihrer ersten Gefährtinnen waren bei ihr: Mary Poyntz, Winifred Wigmore und Catherine Smith. Anne Turner, die mit ihr im Gefängnis gewesen war, und Frances Bedingfield waren auch da. ‚Sie empfahl den Schwestern, ihre Berufung so zu leben, dass sie treu, wirksam und liebevoll war‘, mit der Betonung auf der Liebe, und ‚sie nahm Abschied indem sie uns nacheinander umarmte‘.[9] Die Schwestern fanden eine Priester ‚ehrlich genug, sich bestechen zu lassen‘, denn Katholiken

---

8.   Eine vollständige Übersetzung findet sich in Mary Wright, Mary Ward's Institute: The struggle for identity (Sydney: Crossing, 1998), 190-193.

9.   Mary Ward auf ihrem Totenbett, zitiert in einem Brief von Mary Poyntz vom folgenden Tag, 31. Januar 1645; Orchard: Till God Will, 121.

wurde oft die Beerdigung auf kirchlichen Friedhöfen verweigert, und so wurde Mary Ward auf dem Friedhof in Osbaldwick begraben. Ihr Grabstein hat heute dort einen Ehrenplatz in der Anglikanischen Kirche.

Mary weigerte sich, ihre Überzeugung aufzugeben, dass ihr Institut von Gott kam. Sie war ferner davon überzeugt, dass Gott die katholische Kirche als Werkzeug erwählt hatte, es zu verwirklichen, trotz des vielfältigen Machtmissbrauchs, dem sie begegnete. Ihre Fähigkeit zur Vergebung strapazierte das Verständnis ihrer engsten Freunde so sehr, dass sie sagten, es scheine manchmal besser, ihr Feind als ihr Freund zu sein. Das hielt sie aber nicht davon ab, genau zu wissen, wer ihre Feinde waren. Sie nutzte jede Möglichkeit, die sich bot, um dieses neue Werk zu etablieren, überlistete so manchen Spion der Inquisition in seinen Bemühungen sank aber nie so tief, dass sie die Taktik der Schmähung genutzt hätte oder sich gegen die Kirche wandte. Ihre schmerzhaften Erfahrungen von Spaltungen zwischen Christen ließen Loyalität und Einheit zu zentralen Werten für sie werden.

Woher bezog Mary diese Kraft und Ausdauer? Es ist nicht überraschend, dass ein starkes Netzwerk von Frauen Unterstützung und Ermutigung bot. Besonders ihre ersten Gefährtinnen blieben eine Gruppe von Freundinnen. Ihre Briefe lassen keine Zweifel über ihre tiefe Zuneigung zu ihnen und das Vertrauen aufkommen, das sie in sie setzte. Ihnen gebührt das Verdienst, das Weiterleben des Instituts gesichert zu haben. Generation für Generation bemühte sich beharrlich im Streben nach Anerkennung ihres Werkes als ihre Gründung. Das ist eine andere Geschichte[10]. Doch ihre Gefährtinnen schätzten ihre Berufung als eine, die von Gott kam, und lebten sie in Treue, Wirksamkeit und Liebe.

Marys wesentliche Quelle war ihre tiefe und beständig wachsende Beziehung zu Gott, der für sie ,Vater der Väter und Freund aller Freunde' war. Diese ungewöhnliche Anrede zeigt, welchen Wert sie Freundschaft und Familie beimaß. (. . .) Ihr Freund aller Freunde gab ihrem Leben Sinn. Ihr Beharrungsvermögen bezog sie aus häufigen Meditationen darüber, was die Nachfolge Jesu für Konsequenzen hatte. Sein Weg war es nicht gewesen, Feinde zu beschimpfen, sondern ihnen zu vergeben. Schließlich bedeutete Nachfolge, alles in die Hände des Vaters aller Väter zu legen, dessen Liebe ihren Bemühungen Sinn und Bedeutung gab, obwohl sie scheinbar im Misserfolg endeten.

---

10. Vgl Mary Wright: Mary Ward's Institute, 1998.

Sie lebte diszipliniert sowohl die Tugend der Geduld als auch die der Tapferkeit. Manchmal wartete sie, bis Gott ihr zeigte, es sei nun an der Zeit war, dass ‚das Neue' geboren werden würde. Dann wieder handelte sie entschieden, um das zu erfüllen, was sie als Gottes Willen ansah. Wenn sie mit gegensätzlichen Ansprüchen konfrontiert war, übte sie die Unterscheidung der Geister, die in ihrer eigenen Erfahrung wurzelte, und trat dann kühn in die Öffentlichkeit, um zu zeigen, dass ihre Vision verwirklicht werden konnte. Obwohl ihre Hoffnungen nicht erfüllt wurden, sondern sie vor einem Scherbenhaufen stand, vertraute sie darauf, dass Gott fähig war, alles zu verwirklichen. Sie tat alles, was sie tun konnte und vertraute die Zukunft Gott an. So war sie fähig zur Vergebung und dazu, Brücken zwischen einer unbeugsamen Kirche und neuen Möglichkeiten zu bauen.

Mary Ward blieb der Kirche gegenüber loyal, gab aber ihre eigene Wahrheit nie auf. Auf diese Weise ist sie eine Herausforderung für alle, die sich auf faule Kompromisse oder frustrierten Rückzug einlassen. Dabeizubleiben, das Wort zu ergreifen, zu glauben, dass wir Teil einer größeren Entwicklung sind, dass ein neuer Geist dieses zerbrochene Gefäß, das wir Kirche nennen, erfüllen wird, ist die große Herausforderung, die sie uns hinterlässt. Spätere Kapitel dieses Buches werden weitere Aspekte von Marys Leben untersuchen, die aus der Perspektive des 21. Jahrhunderts betrachtet, bedeutsam sind.

Kapitel Zwei
Das Bühnenbild

Halbe Frauen taugen nicht für diese Zeiten[1]
Mary Ward, 1635

Es erfordert Anstrengung, sich in die Welt eines Menschen aus einer anderen Geschichtsperiode hinein zu versetzen. Man kann Nuancen übersehen, Teile, die unangenehm sind, beschönigen, oder, wie es öfter vorkommt, interpretieren, ohne sich eines anderen Bezugsrahmens bewusst zu sein. Mary Ward wurde vor über 400 Jahren geboren. Ihr Hintergrund, ihre Kultur und ihr soziales Milieu unterscheiden sich enorm von unserem am Beginn des dritten Jahrtausends. Etwas Kenntnis des historischen Hintergrundes, in dem Mary lebte und über die vorherrschenden Spiritualität und die damalige Weltsicht, geben ihrem Leben zusätzliche Bedeutung.

Ihre Zeit war so vielfältig wie unsere. Jede Synopse historischer Ereignisse—und dieser Überblick ist keine Ausnahme—muss wesentliche Züge auswählen, die von den Interessen und dem Vorverständnis des Schreibers bestimmt ist. Mary Wards Geschichte spricht jedoch deutlicher zu uns, wenn wir einige der wesentlichen Züge ihrer Welt kennen.

Während die englischen Damen sehr wohl zwischen den Städten und den ländlichen Zentren hin und her reisten, war Marys Leben alles andere als normal. Ihre Reisen führten sie hin und zurück über den Kanal und quer durch Europa. Sie wurde 1585 geboren, fünfzig Jahre nachdem Heinrich VIII. eine nationale Kirche errichtet und sich von der römischen Kirche getrennt hatte. Sie lebte ihre Kindheit und Jugend unter der Regentschaft seiner Tochter, Elizabeth I. Wie es bei vielen Katholiken im Jahr 1603 der Fall war, hatte die Thronbesteigung von James I, der mit

---

1. M Immolata Wetter: Mary Ward in her own Words (Rome: IBVM Casa Generalizia, 1999), 183.

17

einer katholischen Mutter aufgewachsen war, ihre Hoffnung geweckt, und sie musste dann feststellen, dass er nicht vorhatte, den Druck auf die katholische Gemeinschaft zu vermindern.

Mary war eine Frau aus Yorkshire, aus dem Norden Englands, und sie kehrte 1645 dorthin zurück um zu sterben während des Bürgerkriegs, nur vier Jahre bevor Charles I. seine Krone und seinen Kopf verlor. Als Kind und junge Frau lebte sie in einer Reihe von Häusern von Rekusanten[2], jenen Familien, die sich weigerten die religiöse Praxis der neuen Konfession zu akzeptieren. Dort traf sie Priester, die im Geheimen arbeiteten, lernte mit Razzien der Regierungspolizei fertig zu werden und lebte einen Glauben, der von der Obrigkeit als Hochverrat angesehen wurde. Sie kannte London ziemlich gut, besuchte es 1605 mit ihrem Vater und kehrte 1609 dorthin zurück, um nach ihrem nächsten Schritt zu suchen. Zwischen 1612 und 1620 machten sie und ihre Gefährtinnen London zur Basis für ihre Untergrundaktivitäten; mit einem Rest ihrer kleinen Gemeinschaft kehrte sie Ende 1630 dorthin zurück.

Mary war gleichermaßen auf dem Kontinent zu Hause. Sie lebte, bettelte und unterrichtete in St Omer, in den spanischen (katholischen) Niederlanden und gründete Häuser in den deutschen Staaten und in den tschechischen und ungarischen Fürstentümern. Rom war einige Jahre ihre Heimat, als sie versuchte, mit römischen Kardinälen und verschiedenen Päpsten zu verhandeln. Die Berichte, die wir haben, nehmen wenig Bezug auf die größere Welt der Kriege, des künstlerischen Arbeitens, intellektuellen Lebens und der geographischen Forschung. Jedoch erlangte sie auf vielen ihrer Reisen zu Fuß, beim Gebet in Kirchen überall in Europa und beim Besuch von Päpsten und hochgestellten Persönlichkeiten der Kirche und des Staates, sicher Kenntnisse aus erster Hand über Musik, Kunst und Krieg und war sich bestimmt der weiteren Trends und Ereignisse bewusst.

Historischer und sozialer Hintergrund

Marys Lebenszeit umfasste zwei Generationen von erstaunlicher Kreativität. In England verwandelte William Shakespeare (1564-1616) die englische Sprache und Psyche mit seinen Bühnenstücken. John Donne (1572-1631) schrieb sinnliche und spirituelle Liebesgedichte.

---

2. Rekusanten waren diejenigen, die sich weigerten den englischen Monarchen als Oberhaupt der Kirche anzuerkennen.

König James I gab eine englische Bibelübersetzung in Auftrag, die 1611 veröffentlicht wurde, ungefähr zur gleichen Zeit wie die rivalisierende katholische englische (Douai) Version. Die lyrische Musik von Thomas Tallis (1505-1585) wurde in den Kirchen gesungen und William Byrd (1543-1623) wurde so geschätzt, dass sogar seine lateinischen Motetten, die auf papistische Tendenzen hinwiesen, ihn nicht in Ungnade fallen ließen. In Europa erschufen El Greco (1541-1614), Caravaggio (1573-1610), Peter Paul Rubens (1577-1640) und Artemisia Gentileschi (1593-1652) ein neues Bewusstsein durch ihre Malerei. In der zweiten Hälfte von Marys Leben entwarf Galileo (1564-1642) die Kosmologie neu, stellte das anerkannte geozentrische Weltbild in Frage und wurde von der Inquisition vor Gericht gestellt. 1620 segelte die Mayflower mit Pilgerfamilien an Bord, die ihren puritanischen Glauben offener leben wollten, von England nach Nordamerika. Neue Horizonte eröffneten sich auf vielen Gebieten.

Es war eine Zeit der Kriege. In England kämpfte ein ‚Anti Terror Einsatz' nicht gegen bewaffnete Untergrundkämpfer sondern gegen jene, deren religiöser Glaube nicht mit der offiziellen Politik übereinstimmte. Gelegentliche Aufstände, terroristische Verschwörungen und Alarm über eine Invasion aus dem Ausland gaben der Regierung genügend Gründe, die politischen Verzweigungen des katholischen Glaubens zu fürchten. In Europa waren die nördlichen Niederlande in einen andauernden Kampf mit Spanien verwickelt, der mit Unterbrechungen 80 Jahre dauerte, von 1568-1648. Im Jahr 1618 begann mit dem katholischen Versuch, die Welle des Protestantismus, der durch die deutschen Staaten rollte, einzudämmen, der lange Kampf des 30jährigen Krieges. Vergewaltigung, Mord und die totale Verwüstung des Landes wurden alltägliche Ereignisse. Es gab keine Genfer Konvention und die Soldaten wurden schlecht bezahlt und waren schlecht diszipliniert. 1640 brach in England der Bürgerkrieg aus, in dem das Parlament den Kampf gegen einen realitätsfremden Monarchen und Hof aufnahm, aber auch mit der Angst spielte, dass der König den katholischen Glauben in England wieder etablieren könnte. Als der europäische Handel ein weltweiter wurde, gab es weitere Gewalttaten, die nicht verfolgt wurden. Im Osten und in Amerika zerstörten Handel und Religion die örtlichen Kulturen und unterdrückten die Ureinwohner. Viele Frauen und Männer wurden aus Afrika geholt und als Sklaven verkauft.

Es war eine Zeit der Unsicherheit. Als ob Bedrückung durch die Kriege noch nicht genug war, fegte die Pest in Marys Lebenszeit mehrmals durch England und Europa. Die Menschen verstanden nicht, was diese Krankheit verursachte—sie vermuteten nicht, dass Ratten die Überträger waren.

Viele Tausende starben und ganze Ortschaften in Europa verschwanden.[3] Normale Bürger gingen zu Fuß oder vielleicht mit dem Pferd auf Reisen, sogar durch Kriegsgebiete. Einige Sumpfgebiete in England waren noch nicht trocken gelegt, so dass es Endemien von Tuberkulose und anderen Krankheiten gab.[4] Geburten bargen große Risiken und Kindersterblichkeit war ein normales Ereignis in den meisten Familien. Das medizinische Wissen war begrenzt—der ‚Aderlass' war das Allheilmittel und die Chirurgie barbarisch.

Im Hinblick auf die Religion lebten die englischen Katholiken in der täglichen Angst, von Spionen der Regierung entdeckt zu werden. Das Feiern der heiligen Messe oder deren Besuch galten als Hochverrat. Sowohl Männer als auch Frauen verbrachten ihres Glaubens wegen Jahre im Gefängnis. Ursula Wright, Marys Großmutter, verbüßte 14 Jahre[5] und Grace Babthorpe, bei der Mary einige Jahre zwischen 1600 und 1605 lebte, hatte fünf Jahre im Gefängnis verbracht. Familien wie die Wards, Wrights und Babthorpes büßten Land und Einkommen ein, als die Geldstrafen höher wurden.

Die Kinder über den Kanal zu schicken, damit sie in einer katholischen Umgebung zur Schule gingen, war Hochverrat, aber Familien die sich das leisten konnten, taten es trotzdem. Eine Anzahl von Söhnen kehrte als Priester zurück, manche um das Martyrium zu erleiden. Eine Anzahl von Töchtern trat in Klöster ein und kehrte nie nach England zurück.

Im katholischen Europa hingegen war die Inquisition eine Macht mit der man rechnen musste. Sie verfolgten Menschen bei dem Verdacht der Häresie und des Schismas mit Gefängnis, Folter und Tod.

Es war eine Zeit der Verwirrung. In den 50 Jahren vor Marys Geburt hatten die aufeinander folgenden Monarchen normale Pfarrmitglieder viermal dazu gezwungen, ihre religiöse Praxis zu ändern. Um 1550 verbrannte Königin Mary aus dem Haus Tudor die Protestanten als Häretiker, die gegen die katholischen Gottesdienste Widerstand leisteten. Von 1570 an, in der Zeit ihrer Halbschwester Königin Elisabeth I. wurden die Priester, die man dabei erwischte, wie sie die katholische Messe feierten,

---

3. Philip Caraman, Henry Morse: Priest of the Plague (London: Longmans, Green and Co, no date), 77.
4. Anne Laurence, Women in England 1500-1760: a Social History (London: Weidenfeld and Nicolson, 1994), 97.
5. Es ist interessant, dass zwei ihrer Söhne und ihr Schwiegersohn an der Pulververschwörung beteiligt waren. Der Einfluss der elterlichen Gefangenschaft auf die Familien könnte ein bedeutungsvoller Punkt sein, den es zu erforschen gilt.

gefoltert und als Hochverräter hingerichtet. Diese Praxis nahm ab, wurde aber während der Regentschaft der Stuarts, James I und Charles I immer noch angewandt.

In Mary Wards Kindheit und Jugend gab es ältere Menschen, die sich Kindheitserinnerungen, von ihren Kirchen die entweiht, von Fenstern und Statuen die zertrümmert worden waren, bewahrt hatten. In diesen unruhigen Jahren wechselte der Dorfklerus die Treue mit jedem neuen Trend, oder er wurde zwangsweise abgesetzt. Liturgische Veränderungen wurden eingeführt, zunächst vorsichtig und dann radikaler, als der Schwerpunkt sich von der Feier der Eucharistie zum Wort Gottes in der Landessprache verschob. Vertraute und beliebte Praktiken wie das Gebet für die Toten, die Heiligenverehrung, Wallfahrten und Prozessionen wurden verboten. Sie lagen jedoch noch nicht so lange zurück, als dass sie nicht in Geschichten erzählt wurden und ein Sammelpunkt für den Widerstand bildeten. Ruinen überall im Land erinnerte die Menschen, dass es einmal Klöster und Orden gegeben hatte.

Priester und einige Laien wurden ihres Glaubens wegen getötet (obwohl es offiziell Hochverrat genannt wurde) und ihre Köpfe und ihre Glieder wurden auf Pfähle gespießt, die an den Stadttoren aufgestellt wurden. Trotzdem wurde man an den Höfen Elisabeths und der Stuarts milder, man tolerierte einen Kreis von Katholiken bei Hof, der die katholische Praxis durch bekannte katholische Häuser oder ausländische Botschaften aufrecht erhielt.[6] Diese waren Teil einer bedeutenden Anzahl von Katholiken, die ‚kirchliche Papisten' genannt wurden, weil sie bereit waren, in minimaler Weise dem Gesetz, den Gottesdienst zu besuchen, nachzukommen. Rekusanten und kirchliche Papisten hatten unterschiedlich Ansichten im Hinblick auf äußere Zugehörigkeit zu der schismatischen Praxis. Sie schwankten zwischen dem finanziellen und dem religiösen Druck. Eine bedeutend größere Anzahl von Frauen als von Männern sind als Rekusanten aufgelistet, besonders in der Region von York.[7] Manchmal geschah das aus finanziellen Gründen, aber es gibt auch Hinweise darauf, dass es den Männern nicht gelang, ihre Frauen auf Kurs zu bringen. Das lässt darauf schließen, dass der religiöse Streit auch familiäre Bande durchschnitt.

---

6. Vgl Alexandra Walsham, Church Papists:Catholicism, Conformity and Confessional Polemic in Early Modern England (Suffolk, England: Royal Historical Society, 1993).

7. Sarah L Bastow, "Worth nothing but very Wilful": Catholic Recusant Women of Yorkshire 1536-1642, in: Recusant History 25/4 (Oct 2001): 591-614.

Priester und andere Geistliche, oft weit entfernt vom Machtzentrum, taten was sie konnten, um entweder am Vergangenen festzuhalten oder ihre Pfarrmitglieder mit dem neuesten Trend in Übereinstimmung zu bringen. In den Jahren zwischen dem Bruch Heinrichs VIII. mit Rom im Jahr 1530 und Marys Geburt 1585 durchlebten Familien eine Zeit des kulturellen Umbruchs und langwieriger religiöser Veränderungen. Für manche schwächte das ihren Glauben an jede religiöse ‚Wahrheit', während andere sich plötzlich in gegnerischen Lagern wiederfanden, in dem jeder davon überzeugt war, auf der richtigen Seite zu stehen.[8]

Es war die Morgendämmerung eines neuen Nationalismus. In ganz Europa schwankten Herrscher und Fürsten zwischen dem Handel mit ihren Töchtern als zukünftigen Königinnen und der Aufstellung von Armeen mit oder gegeneinander, wenn sie um Macht und Status kämpften. Das Papsttum versuchte sein Prestige durch strategische Bündnisse zurück zu gewinnen und nutze die Religion als Kriegsruf, aber es verkannte, dass ihm keine zentrale Rolle in politischen Angelegenheiten mehr zugestanden wurde.[9] Die römische Obrigkeit versuchte—allerdings erfolglos—das neu aufkommende Nationalgefühl zu kontrollieren.[10] Das päpstliche Dekret, das Elisabeth I. exkommunizierte, wurde in der Hoffnung veröffentlicht, dass die alte Vorgehensweise in einer völlig veränderten Situation Wirkung zeigen würde.

Päpstliche Nuntien, die direkt nach Rom berichteten, waren Teil einer neuen diplomatischen Strategie, um die sich verändernde politische Situation zu kontrollieren. Innerhalb der Kirche unterstützte der Einfluss gut ausgebildeter Jesuiten den Trend zur Zentralisierung[11] nach dem Konzil von Trient. Sie gelobten Gehorsam dem Papst gegenüber und gingen dahin, wo sie am nötigsten gebraucht wurden. Ihre Freiheit von der diözesanen Kontrolle entfremdete sie den Fürstbischöfen und dem örtlichen Klerus, die an ihren Ort gebunden waren. In England wollten die Monarchen eigentlich nicht in religiöse Verfolgung verwickelt werden, aber sie standen unter dem Druck der Reformer, die durch die Gedanken Calvins und anderer europäischer religiöser Führer beeinflusst waren.

---

8. Vgl Eamon Duffy, The Stripping of the Altars: Traditional Religion in England 1400-1580 (Yale: University Press: 1992).

9. Edward Norman, Roman Catholicism in England: from the Elizabethan Settlement tot he Second Vatican Council (Oxford: University Press, 1985), 26.

10. Eamon Duffy, Saints and Sinners: a History of the Popes, second edition (Yale and London: Yale University Press, 2001), 223-34.

11. Dieser Trend verlief parallel zu der bürokratischen Zentralisation in weltlichen Höfen; vgl Eamon Duffy, Saints and Sinners, 223.

Unter der Führung von Oliver Cromwell flammte diese Spannung im Bürgerkrieg offen auf.

Zugang zu Informationen veränderte sich. Ende des 15. Jahrhunderts war die Druckerpresse entwickelt worden und am Ende des 16. Jahrhunderts wurden Bücher, Kleinschriften und große Flugblätter in ganz Europa verbreitet. Ein neues Medium der Massenkommunikation hatte begonnen. Die ,1580er' waren eine Wasserscheide für Klein- und Schmähschriften, ein Augenblick bestimmt von zunehmender Alphabetisierung, Spannungen in der Elisabethanischen Kirche und einem Gärungsprozess der englischen Sprache.'[12] Eine Anzahl von weiterführenden Schulen verschafften jungen Männern Zugang zur Bildung, zu den alten Sprachen und den neu entstehenden Naturwissenschaften. Die religiöse Erziehung formte ihre Treue zu Gott. 1585 verbat die Regierung die Erziehung der Kinder im Ausland und die Einstellung katholischer Lehrer. Die Schulen der Jesuiten auf dem Kontinent wurden als Brutstätte des katholischen Widerstandes angesehen. Bildungsmöglichkeiten für Frauen waren rar: ,Wenn ein englisches Mädchen ohne Berücksichtigung ihre Standes eine gute Bildung erhielt, war es in hohem Maß persönliche Glückssache.'[13] Manchmal durften die Mädchen des niederen Adels an dem Unterricht ihrer Brüder mit Hauslehrern teilnehmen. Nach der Jahrhundertwende wurden sie, wenn sie katholisch waren, eventuell auch auf den Kontinent geschickt, um von Nonnen unterrichtet zu werden. Der letztere Weg war jedoch gefährlich und nur den Reichen zugänglich;[14] ärmere Mädchen hatte fast keine Möglichkeit, Lesen und Schreiben zu lernen. Im 17. Jahrhundert halfen die neuen englischen Bibelübersetzungen protestantischen Männern und Frauen dabei, das Lesen zu erlernen; Kinder begannen mit dem ersten Lesebuch und schritten dann fort zum Katechismus, dem Psalter und der Bibel.

Hierarchische Gesellschaftsstrukturen verflochten mit dem Patriarchat waren akzeptierte Muster in allen Bereichen des Lebens. Regierungen, Kirchen, Armeen, Ordensgemeinschaften und Familien wurden mit Macht und Autorität organisiert, die von oben nach unten

---

12. Joad Raymond, Pamphlets and Pamphleteering in Early Modern Britain (Cambridge: University Press, 2003),11.
13. Antonia Fraser, The Weaker Vessel (London: Mandarin Paperbacks, 1993), 143 und Kapitel 7, ,Unlearned Virgins', 132-57.
14. Caroline Bowden, ,"For the Glory of God": a Study of the Education of English Catholic Women in Convents in Flanders and France in the First Half of the Seventeenth Century, in Paedagogica Historica Supplementary Series V (Gent: CSHP 1999): 77-95.

ausgeübt wurde. Protektion und Gunst waren die anerkannten Wege, wenn man in einem Dienst vorankommen wollte. Der religiöse Glaube legitimierte oft Autoritätsstrukturen. Der König war Gottes Gesalbter. Bis zur Reformation und darüber hinaus war der Papst für katholische Gläubige der geistliche Vertreter Gottes. Der Mann war der Vorstand des Haushalts. Der Glaube an die Dreifaltigkeit erweckte nicht die Vorstellung von Gott als Gemeinschaft: Gottes Macht wurde als königlich angesehen. In der calvinistischen Reformation—aber nicht in der lutherischen— wurde Christus in Macht und Majestät angebetet statt als leidender, schmerzerfüllter Christus.[15] Der Papst hatte den Status eines Monarchen mit staatlicher Macht im Kirchenstaat und strebte mit immer weniger Erfolg danach, die katholischen Monarchen zu beeinflussen. Die Insignien eines Hofes, die Armee und die Gesandten verstärkten diese Vermischung von Kirchenobrigkeit mit weltlichem Status.

Frauen wurden als den Männern untergeordnet angesehen. Sowohl im katholischen als auch im protestantischen Glauben wurden Geschlechterklischees von der Theologie unterstützt.[16] Obwohl Elisabeth Königin von England war, hatten die Frauen keine Rechte vor dem Gesetz—offiziell waren sie Besitz ihrer Väter und dann ihrer Ehemänner, die die rechtmäßige Kontrolle über ihren Körper, ihre Kinder und ihr Erbe hatten.[17] Natürlich war die tatsächliche Situation unterschiedlich, je nach der Beziehung, zwischen Mann und Frau.[18]Witwen standen nicht unter männlicher Kontrolle und Antonia Fraser macht auf die Zwiespältigkeit ihrer Rolle aufmerksam; sie wurden bewundert, wenn sie das Andenken ihres verstorbenen Mannes ehrten und nicht wieder heirateten, aber ihre Unabhängigkeit in der Führung ihres Anwesens wurde oft als unpassend für eine Frau angesehen.[19]

Die Protestanten folgten den Worten des hl. Paulus und betonten, dass der rechte Platz für Frauen das Haus war, ihrem Mann unterstellt, als ihrem gesetzlichen Oberhaupt. Frauen wurden gelobt, wenn sie ‚demütig, still, bescheiden, mild, fromm und entgegenkommend waren'.[20]

---

15. Patricia Crawford, Women and Religion in England, 1500-1720 (London and New York: Routledge, 1993), 11.
16. Crawford, Women and Religion in England, 3.
17. Fraser, The Weaker Vessel, 5.
18. Antonia Fraser schildert die komplexe Situation von Frauen in verschiedenen Lebenssituationen in The Weaker Vessel.
19. Vgl Fraser, 89-109.
20. Sherin Marshall (editor), Women in Reformation and Counter Reformation Europe (Bloomington and Indiananpolis: Indiana University Press, 1989), 147.

Dass eine Frau ihr Land regierte und den Anspruch Heinrichs VIII. auf die Oberherrschaft in der Kirche erbte, verursachte den Protestanten wirkliche Probleme. John Knox, der Führer der schottischen Kirche, schrieb seine Schmähschrift *Der erste Trompetenstoß gegen die abscheuliche Herrschaft von Frauen*, um Mary Tudor lächerlich zu machen, weil sie es wagte, Männer zu regieren, obwohl sie nicht den Anspruch erhob, Oberhaupt der Kirche zu sein. Natürlich lag das wirkliche Problem darin, dass sie katholisch war, aber er argumentierte, dass alle weiblichen Regenten da sie im Gegensatz zu den Naturgesetzen standen, gegen den göttlichen Willen waren, also eine Perversion der guten Ordnung und der Gerechtigkeit.[21] Unglücklicherweise für ihn bestieg Elisabeth den Thron nach Marys plötzlichem Tod, und sein Buch wurde zu Beginn ihrer Regentschaft veröffentlicht.[22] Obwohl viele Menschen Elisabeth hoch schätzten, war ihre Regierungszeit lang und man war erleichtert, dass ihr ein Mann nachfolgen sollte.

Katholiken standen der Vorstellung von einer Frau an der Macht nicht weniger feindlich gegenüber. Der Jesuit Robert Parsons parodierte Elisabeths Regentschaft in einer Schrift und schlug vor, dass sie eine Frau als Stellvertreterin benennen sollte. Frau Cromwell statt Thomas?—eine unvorstellbare Position![23] Elisabeth reagierte auf dieses Unbehagen, indem sie ihre männlichen Eigenschaften betonte. Aber sie war keine Befürworterin der Gleichberechtigung. 1563 erteilte sie die Anweisung, dass sich unverheiratete Frauen mit dem Spinnen beschäftigen sollten: daher kommt das englische Wort ‚spinster'![24] In Europa fasste das italienische Sprichwort es gut zusammen: o marito o muro—ein Ehemann oder eine Mauer! Das Konzil von Trient hatte angeordnet, dass Ordensfrauen ein Leben in völliger Klausur unter der Kontrolle des Ortsbischofs führen mussten, mit dem Verbot, sich aus den Klostermauern herauszuwagen. Während es nicht immer leicht war, diese Regel in etablierten Orden durchzusetzen, reagierten die Kardinäle, die für die Durchsetzung dieser Reform verantwortlich waren, bei neuen Gruppen die Anerkennung suchten, unerbittlich.

In der ersten Hälfte des 17. Jahrhunderts stellte das höfische Leben in England extravaganten Luxus zur Schau und Machtkämpfe zwischen

---

21. Retha Warnicke, Women of the English Renaissance and Reformation (Westport and London: Greenwood Press, 1983), 60.
22. Warnicke, 56.
23. Crawford, Women and Religion in England, 36.
24. Warnicke, 19.

rivalisierenden Günstlingen nahmen überhand. Das stand im Gegensatz zur verheerenden Armut der normalen Bevölkerung, die vermehrt Steuern zahlen mussten, um den Lebensstil des Hofes und auch die Kriege zu unterstützen. Das Landleben war immer noch die Norm und folgte seinem eigenen Rhythmus, obwohl die Abwanderung in die Städte langsam begann. Obwohl es klare Grenzen zwischen den Gesellschaftsschichten gab, hat man in den Dörfern vieles miteinander geteilt. In vielen Haushalten, besonders wenn sie im Widerstand gegen Spione der Regierung vereint waren, ähnelten die Bindungen zwischen den Mitgliedern denen einer Großfamilie. Die spätere Trennung des Lebens in öffentlich und privat hatte noch nicht stattgefunden. Die meisten Männer und Frauen hatten kein Mitspracherecht im öffentlichen Leben, obwohl manche Männer als Dorf- oder städtische Bedienstete angestellt waren. Frauen waren an das Haus gebunden, aber das Haus war der Hauptort ökonomischer Aktivität und produzierte die meisten lebenswichtigen Güter. Die Hausfrau war verantwortlich für den Haushalt, die Sorge für die Kinder, Backen, Brauen, Destillieren, die Herstellung von Butter und Käse, die Sorge für die Hoftiere, die Herstellung von Kleidung, den Küchengarten und die Herstellung von Heilmitteln gegen Krankheit und Unfälle.[25] Bei letzterem jedoch musste man vorsichtig sein: Angst vor denen, die Heilkräfte hatten, machte Kräuterfrauen, besonders wenn sie alt oder hässlich waren, anfällig für die Anklage der Hexerei.[26]

Theologischer und spiritueller Hintergrund

Im frühneuzeitlichen England und Europa als Ganzem war Gott keine Randfigur, von dem nur wenige an Sonntagen sprachen. Obwohl die Gelehrten der Renaissance weiterhin alte römische und griechische Schriften erforschten, um andere Quellen menschlicher Weisheit zu entdecken, und die Regierungen versuchten, die Kirchen zu kontrollieren, zweifelte niemand daran, dass sich die Weltordnung um Gott drehte. Vor der Reformation war die Gesellschaft in den Pfarreien organisiert, freie Tage gab es an kirchlichen Feiertagen und das Äquivalent der heutigen Gewerkschaften versammelte sich unter den Bannern verschiedener Heiliger. Die Religion war in jedem Leben fest verankert. Natürliche lebte nicht jeder ein heiligmäßiges Leben; wie immer stolperten die Menschen

---

25. Suzanne W Hull, Women According to Men: the World of Tudor-Stuart Momen (Walnut Creek, London, New Delhi: Altamira press, 1996), 57.
26 Fraser, 129.

durchs Leben und taten, was sie konnten. Die Hervorhebung der sieben Todsünden in vielen Kirchengemälden zeigt, dass die negativen Tendenzen lebendig und wohlauf waren! Die Menschen lebten jedoch in einem Rahmen von Segen, Sünde, Vergebung und einem alles überspannenden Gefühl von Gottes Erbarmen, Schutz und Gericht. Spiritualität wurde in Gemeinschaft gelebt, zentriert auf die Eucharistie und das Psalmengebet. Für viele war es auch eine tiefe persönliche Angelegenheit, die im meditativen Gebet gegründet war.

Als Elisabeth in England den Thron bestieg, wurden alle gezwungen, die anerkannten protestantischen Gottesdienste zu besuchen, die Teilnahme an oder die Durchführung katholischer Riten zu vermeiden und der Königin die Gefolgschaftstreue zu geloben. Einige fanden eine Möglichkeit, die äußerliche Einhaltung der Vorschriften mit einer inneren Loyalität zum katholischen Glauben in Einklang zu bringen. Rom jedoch wies diese Reaktionsweise mehr und mehr zurück, genauso wie viele Haushalte die ,nicht glaubten, dass eine nationale Kirche berechtigt war, die Glaubenslehre festzulegen, ohne Rückbezug auf den Rest der Christenheit'.[27] Nach einem Aufstand im Norden 1569 und einem päpstlichen Dekret, das Elisabeth I. exkommunizierte und die Katholiken von ihrem Loyalitätsversprechen entband, verschärfte sich die Situation weiter. Wenn jemand gefangen genommen wurde, weil er die katholische Messe gefeiert hatte, wurde er gefragt, ob er die Königin unterstützen würde, wenn der Papst eine Invasion Britanniens genehmigen würde. Diese sogenannte ,Blutige Frage' führte zum Tod vieler Männer. Für Katholiken, die sich weigerten, einen Kompromiss zu schließen, waren ständige, anwachsende Geld- und Gefängnisstrafen weit verbreitet. Das war die unmittelbare Erfahrung der Familie Ward. Nach der Thronbesteigung von James I. führten Enttäuschung und Zorn zu einer terroristischen Reaktion. Drei von Marys Onkeln wurden in der Schießerei nach der fehlgeschlagenen Pulververschwörung im Jahr 1605 getötet; ihr Vater wurde zu der Zeit verhaftet, aber später freigelassen. Einige ihrer ersten Gefährtinnen waren mit den Verschwörern verwandt.

Was man glaubte, war wichtig, und zwar grundlegend. Die Menschen waren bereit, für ihren Glauben zu sterben, nicht nur für den christlichen Glauben, sondern für die Wahrheit ihrer speziellen Variante. Im 16. Und 17. Jahrhundert gingen in England und Europa über 5000 Protestanten, Katholiken und Wiedertäufer mutig in den Tod.[28] Zeugnisse zeigen, dass

---

27. Norman, Roman Catholicism in England, 26.
28. Brad S Gregory, Salvation at Stake: Christian Martyrdom in Early Modern Europe

die Menschen wussten, was sie taten. Sie wollten nicht sterben, aber in der Endabrechnung glaubten sie, dass ein kurzes Leiden auf Erden die Ewigkeit nicht aufwiegen konnte. Sie starben nicht, weil sie die Hölle fürchteten, obwohl die Hölle ganz klar ein Teil ihrer Weltanschauung war. Getragen von dem Glauben ihrer Mitchristen, starben sie mit einem gewissen Gefühl freudigen Vertrauens in dem Glauben, dass sie dem Ruf des Evangeliums ‚Folge mir' treu waren. Diese Anzahl von Märtyrern berücksichtigt nicht die hunderte von anderen—Juden und Muslimen— die ihres Glaubens wegen verfolgt wurden in einer Zeit, in der man glaubte, dass es nur einen richtigen Weg geben konnte.

Sowohl bei Katholiken als auch bei Protestanten war das Gefühl für die Sünde und die Notwendigkeit der Erlösung sehr stark. Sie stimmten überein, dass eine Hölle für diejenigen wahrscheinlich ist, die ihr Leben nicht an den zehn Geboten ausrichteten. Die Angst vor der Verdammnis verlieh den Anstrengungen die Menschen zum katholischen Glauben zurück zu gewinnen, oder sie von ihrer fehlgeleiteten Loyalität Rom gegenüber abzubringen, besondere Dringlichkeit, je nachdem auf welcher Seite man stand. Elementare christliche Liebe gebot, dass man alles tat, was in seiner Macht stand, um diejenigen zu retten, die auf dem Weg zur Hölle waren.

Die andere Seite dieses religiösen Eifers bedeutete, dass die Menschen auch bereit waren, im Namen des Glaubens zu töten. In Europa stellten die kirchlichen Führer Menschen wegen Häresie vor Gericht und die weltliche Macht war das ausführende Organ für die Verbrennungsstrafe. Für uns mag das gleichbedeutend mit Fanatismus sein, aber die landesväterliche Verantwortung der Machthaber bedeutete, dass sie glaubten, vor dem Richterstuhl Gottes Rechenschaft geben zu müssen, wenn sie es einem Häretiker erlaubten zu predigen und andere in die Irre zu führen.[29] In Situationen wie im elisabethanischen England 1570, als Hochverrat und nicht Häresie die Bezeichnung der Straftat war, bedeutete Toleranz gegenüber einer anderen Meinung gleichzeitig, die Zerstückelung des Reiches zu fördern. Niemand konnte sich vorstellen, dass verschiede Glaubensformen nebeneinander existieren könnten: schließlich gab es nur eine Wahrheit und die war den Menschen von Gott durch die heilige Schrift gegeben worden. Unterschiedliche Lesarten und Lehren anzunehmen unterstellte, dass Gott sich selbst widersprach.[30]

(Cambridge, Massachusetts and London, England: Harvard University Press, 1999), 6.
29. Gregory, Salvation, 79.
30. Gregory, Salvation, 347.

Um der Liebe Gottes willen zu sterben kann nicht vom Leben um der Liebe Gottes willen getrennt werden. ‚Märtyrer waren Ausnahmen in ihrem Verhalten, aber nicht in ihrem Glauben.'[31] Andere in ihren Gemeinschaften teilten die Spiritualität der Märtyrer. Sie glaubten ebenso, dass jeder Christ dazu berufen war, ein Leben zu führen, das Christus ähnlich war. Sein Leben war der zentrale Bezugspunkt.

Ein Buch das die Fantasie ergriff und die Spiritualität der Ära vor der Reformation prägte und das die katholische Bevölkerung auch weiterhin beeinflusste, war Thomas a Kempis Imitatio Christi.[32] Es trat für eine Spiritualität der Jüngerschaft ein: für die Nachfolge Christi, dessen Leiden für uns in der Kunst, in den Evangelien und in der Predigt deutlich hervorgehoben wurde. Nach 1580 wurden in England viele Mitglieder des Landadels durch die Geistlichen Übungen, die von den Jesuiten angeboten wurden, in der engeren Nachfolge Christi geformt. Das gedruckte Wort wurde ein Werkzeug, das die Positionen beider Seiten der religiösen Trennung vertrat.[33] Zwischen 1605 und 1759 veröffentlichte die Druckerei der Jesuiten in St. Omer 275 Werke in englischer Sprache. Gewöhnlichen Männern und Frauen standen viele kleine Meditationsbücher über das Leben Christi zur Verfügung. Mit ihnen meditierten sie und baten um die Gnade, ein Leben in Großzügigkeit, Mitgefühl und voller Mut zu führen. Die meisten Katholiken hatten keinen Zugang zu einer vollständigen englischen Bibelausgabe, weil das Lesen der Bibel mit den Reformatoren verknüpft war und man fürchtete, dass es zum Irrtum verleiten könnte. Die wichtigsten Geschichten wurden jedoch in Lesebüchern zusammengestellt. In vielen Haushalten las eine Person die Meditationspunkte vor und andere, einschließlich der Dienerschaft, hörten jeden Tag Geschichten über das Leben Jesu oder der Heiligen. Sowohl bei Protestanten als auch bei Katholiken waren solche Bücher beliebt, die dazu ermutigten, ein gottgefälliges Leben zu führen. Es gibt mindestens ein Beispiel eines Bestsellers, der mit minimalen Änderungen die protestantische Überarbeitung eines Buches war, das von einem Jesuiten für die katholische Bevölkerung geschrieben worden war.[34]

---

31. Gregory, Salvation, 8.
32. Zwischen 1470 und 1520 erschienen über einhundert Ausgaben in sieben Sprachen und es blieb ein beliebtes Gebetbuch bis ins 20. Jahrhundert hinein; vgl. Brad S Gregory: Salvation at Stake, 5.
33. Michael A Mullett, The Catholic Reformation (London and New York: Routledge, 1999), 175.
34. Brad S Gregory, ‚The True and Zealouse Service of God: Robert Parsons, Edmund Bunny and the First Booke of the Christian Exercise', Journal of Ecclesiastical History

Fasten wurde als normal für jeden ernsthaften Christen angesehen. Die Menschen taten es als Nachahmung Christi, der 40 Tage in der Wüste gefastet hatte, und in dem Bewusstsein, dass die Selbstdisziplin, die notwendig war, um den Glauben zu verteidigen, etwas Übung brauchte. Korrespondierend mit diesen persönlichen Entscheidungen, war da das rhythmische Gefühl des Jahres, das sowohl für das Fasten als auch für das Feiern sorgte. Selbst ärmere Familien änderte ihre Essgewohnheiten in der Fastenzeit und bemühten sich um etwas Besonderes, um den auferstandenen Herrn zu feiern. Die Katholiken legten mehr Wert auf Fasten und Buße und hielten sich stark an diese Praktiken, weil die Protestanten sie als gute Werke, mit denen man sich den Himmel verdienen wollte zurückwiesen.

Den Katholiken in England war die Eucharistie besonders teuer. Trotz der Drohung mit Gefängnis oder Schlimmerem, hießen die Familien Priester willkommen und bauten ‚Priesterverstecke', um sie vor den Verfolgern zu verbergen. Als Folge des Trienter Konzils wurde eine Grenzlinie deutlicher, die jene Katholiken vom Rest der Bevölkerung trennte, die sich weigerten, an den protestantischen Gottesdiensten teilzunehmen. Priester, die in Seminaren unter päpstlicher Hoheit ausgebildet worden waren, kamen mit einer neuen Theologie in die ‚Englische Mission', die jene Aspekte des Glaubens betonte, die klare Linien zwischen dem katholischen und dem protestantischen Glauben zogen. Die eucharistische Anbetung, eine tiefe Verehrung Mariens und der Heiligen und die Betonung der Zentralität des Papsttums waren das Herzstück der neuen katholischen Identität. Gleichzeitig verstärkte der Ruf zum persönlichen Einsatz angesichts der Regierungsmacht die Bedeutung des Gewissens, während die Geistlichen Übungen, die Jesuiten den Mitgliedern der Haushalte der Rekusanten gaben, den Sinn für persönliche Unterscheidung und die Berufung des einzelnen vor Gott vertiefte.

Dies sind einige der Faktoren, die das geschichtliche Umfeld von Mary Ward und ihre Gefährtinnen und die Menschen, mit denen sie lebten und arbeiteten, prägten. Selbst vor dieser kleinen Kulisse wird klar, dass es sowohl Ähnlichkeiten als auch Unterschiede zwischen ihrer und unserer Zeit gibt.

45: 2(April 1994): 238-68.

Teil Zwei:

Spiritualität

Kapitel Drei

Der ignatianische Bezug

Nimm das Gleiche der Gesellschaft wenn ich es je wert bin noch etwas für dieses Institut zu tun, muss ich mich hierauf beziehen.[1]

Mary Ward 1619

Oft wird danach gefragt, was es für Mary Ward bedeutete, dass sie ihr Leben und ihr Werk auf die ignatianische Spiritualität gründete. Die Aussage, dass sie einen Frauenorden gleich dem Jesuitenorden gründen wollte, löst Überraschung aus. Denken wir uns diesen Anspruch nur aus, oder gibt es einen Beleg für diese Behauptung? Dieses Kapitel stellt uns die Gesellschaft Jesu ihrer Zeit vor Augen und gibt einen Einblick in die Geistlichen Übungen des Hl. Ignatius. In ihm wird dann Mary Wards Verbindung zu den Jesuiten und ihre eigene Spiritualität betrachtet, die aus der ignatianischen schöpfte, aber durch ihre eigene spirituelle Weisheit neue Schwerpunkte bekam.

Spiritualität ‚bezieht sich auf die praktischen, affektiven und verwandelnden Dimensionen einer religiösen Tradition'[2] Diese kurze Definition bezieht sich darauf, wie wir gegenüber Gott und den Mitmenschen handeln, wie unsere affektiven Beziehungen zu Gott und den Menschen sind. Ebenso zeigt sie, wie wir es dem Evangelium und seiner Forderung zur Umkehr erlauben, unser Leben ständig zu konfrontieren. Spiritualität verweist auf die Weise, in der wir unseren Glauben, aus welcher Quelle auch immer er kommt, in eine echte Beziehung zu unserem Leben bringen.

---

1. Orchard, Letter to Fr John Gerard, 1619, 61.
2. William Spohn, Go and do likewise: Jesus and Ethics (New York: Continuum, 1999) 33.

Die Gesellschaft Jesu

Ignatius und seine Gefährten gründeten die Gesellschaft Jesu um 1530 herum, etwa fünfzig Jahre vor Marys Geburt. Die Lebensweise der Jesuiten unterschied sich von jeder der bereits existierenden Ordensgemeinschaften in einigen wichtigen Punkten. Sie versammelten sich nicht zum täglichen gemeinsamen Chorgebet sondern waren verpflichtet zu einem Gebetsleben täglicher Meditation und aufmerksamer Reflexion. Sie trugen kein traditionelles monastisches Ordenskleid und die gewöhnlichen Bußübungen wurden nicht von ihnen verlangt. Ihre Spiritualität gründete darin, ‚Gott in allen Dingen zu finden‘, also in der Grundannahme, dass sie die Gegenwart Gottes in ihren täglichen Begegnungen entdecken konnten, wenn sie ihre Erfahrungen reflektierten. Sie gelobten ihrem Generaloberen unter dem Papst Gehorsam zur Sendung, so dass sie nicht unter der Jurisdiktion der Ortsbischöfe standen. Sie konnten dorthin geschickt werden, wo die Not am größten war. Flexibilität war ausschlaggebend für ihre Weise des Vorangehens. Nicht alle Bischöfe schätzten die Methode einer solchen ‚Sondereinsatztruppe‘, anstelle der normalen Anbindung an eine Diözese.

Die Jesuiten legten einen Schwerpunkt auf die Ausbildung ihrer Mitglieder in Philosophie, Theologie und den humanistischen Studien. Als Gesellschaft Jesu sahen sie sich Jesus zugesellt, gesandt zur Rettung der Seelen. Sie richteten all ihre Tätigkeiten auf die ‚größere Ehre Gottes‘ aus.

Die Jesuiten insgesamt glaubten an eine Welt, in der Gottes Barmherzigkeit im Überfluss vorhanden war. Gott wollte, dass alle gerettet würden und hatte im Leben, Sterben und der Auferstehung Jesu die Welt mit umso größerer Liebe umarmt.[3]

Diese Botschaft der Hoffnung in die Menschheit untermauerte die fundamentale Theologie der Jesuiten. Die Gesellschaft begann nicht als Gegenbewegung gegen die Reformation. Die ersten Jesuiten sahen ihre Aufgabe vielmehr als eine spirituelle Hilfeleistung an, indem sie andere zu einer tieferen und persönlicheren Beziehung zu Christus führten. Nur zwei Jesuiten nahmen am Konzil von Trient teil, weil seine Themen—die Reform des Verhaltens der Bischöfe und Priester—nicht ihre Themen waren. Ihr Schwerpunkt war die ‚Sorge für die Seelen‘, die Arbeit mit den Menschen.[4] Ihre Hauptanliegen waren seelsorgliche Dienste, wie sie

---

3.   John O'Malley, The first Jesuits (Cambridge and London: Harvard University Press, 1993), 84.
4.   John O'Malley, ‚Was Ignatius a Church Reformer?‘ in David M Luebke (ed), The Coun-

in ihrer Formula Instituti skizziert sind, und das Geben der Geistlichen Übungen. Sie gewannen jedoch schnell Berühmtheit für prägende und effektive Verteidigung des Glaubens sowie für gründliche Erziehung und Bildung in ihren Schulen und Seminaren. In den 1570ern und 80ern verlagerte sich ihr Schwerpunkt dahin, Aspekte des Glaubens, die die Reformatoren in Verruf gebracht hatten, zu verteidigen und dahin, die Reformbestimmungen des Konzils von Trient umzusetzen[5].

Die Englische Mission

Nachdem Elizabeth I. in England den Thron bestiegen hatte und verlangte, dass alle Untertanen ihre Loyalität zu ihr dadurch bewiesen, dass sie die (protestantischen) Gottesdienste besuchten, standen die Katholiken unter großem Druck. Sie reagierten mit breiterem gemeinsamen Widerstand gegen die Repressionen, die ihnen auferlegt wurden. Die Beziehungen zur Regierung wurden noch schlechter, nachdem die Elisabeth durch die päpstliche Bulle im Jahr 1570 exkommuniziert worden war. Es war ein ‚plumpes, technisch fehlerhaftes Dokument, das die fatale Verbindung zwischen der Achtung Rom gegenüber und der Untreue gegenüber der Königin entscheidend festschrieb.[6] Die Katholiken waren jetzt nicht nur ungehorsam sondern des Hochverrats schuldig. Ein führender englischer katholischer Priester, William Allen, übten Druck auf den General der Jesuiten aus, Männer nach England zu schicken. Unglücklicherweise waren sowohl Allen als auch der Jesuit, der auf diesen Schritt drängte, Robert Parsons, dafür bekannt, dass sie eine Invasion aus dem Ausland befürworteten. Sie sahen darin den einzigen Weg, auf dem der Katholizismus in England wiederhergestellt werden könnte. Die Regierung verfügte über ein gutes Netzwerk von Spionen, so dass die Aussagen dieser Männer das Misstrauen gegenüber allen Jesuiten schürte.

Eine Zeit lang weigerte sich der Generalobere der Jesuiten, Pater Mercurian, Patres in die Mission nach England zu senden, aber im Jahr 1580, fünf Jahre vor Marys Geburt, wurden die ersten beiden Jesuiten dorthin gesandt.[7] Im folgenden Jahr hatte einer der beiden das Martyrium erlit-

---

ter Reformation: the Essential Readings (Oxford: Blackwell, 1999), 66-82.

5. O'Malley, The first Jesuits, 278.

6. Alexandra Walsham, Church Papists: Caholicism, conformity and Confessional Polemic in Early Modern England (Suffolk, England: Royal Historical Society, 1993), 13.

7. Henry More, The Elizabethan Jesuits, 1660, edited by Francis Edwards (London: Phillimore, 1981),74.

ten und England wurde ‚das Epizentrum der Anti-Reformationsdichte für die Gesellschaft'.[8] Ihre ausdrückliche Mission mit der sie nach England kamen war ‚nachlässige Katholiken in ihren Herzen zu verwandeln'.[9] Sie sollten ‚die nichtpraktizierenden Katholiken wieder versöhnen, es aber vermeiden, sich in staatliche Dinge einzumischen'. Es war ihnen verboten, gegen die Königin Stellung zu nehmen oder es anderen zu erlauben.[10] Als Männer des Papstes waren sie jedoch der englischen Regierung besonders verdächtig und wurden gefürchtet. Englische Männer in Seminaren in Douai, Rom und Valladolid legten einen Eid ab und erklärten, dass sie bereit waren, in die englische Mission gesandt zu werden.

Das Martyrium wurde als Höhepunkt eines Lebens für Gott gewürdigt. Die Missionare hatten jedoch keinen Todeswunsch. Ihre Theologie lehrte klar, dass es Dummheit war, das Martyrium zu suchen; denen die sich anmaßten, solche Ehre zu erstreben, wurde keine Treue garantiert. Beharrlichkeit erreichte man dadurch, dass man sich im Gebet und im Dienst für andere von Selbstsucht befreite, nicht davon, dass man sich freiwillig in die Schusslinie begab. Viele versuchten zu entkommen, wenn sie gefangen genommen wurden, aber

> „Einfach gesagt, waren Märtyrer willens für ihren Glauben zu sterben, weil sie glaubten, dass er wahr war, weil er von Gott geoffenbart war. Die Hoffnung des christlichen Glaubens auf die Ewigkeit führten sie dazu, die zeitlichen Belange radikal zu relativieren, einschließlich des Todes."[11]

In der Zeit von 1530-1680 starben mehr als 300 englische Katholiken ihres Glaubens wegen, aber es ist wert festzuhalten, dass in Europa in der selben Zeit weit über 4000 Protestanten und Wiedertäufer von Katholiken oder voneinander getötet wurden.[12]

Unglücklicherweise waren der englische Weltklerus und die Jesuiten seit den 1580er Jahren in einen unwürdigen, um nicht zu sagen skandalösen

---

8. John O'Malley, Trent and All That: Renaming Catholicism in der Early Modern Era (Massachusetts: Harvard University Press, 2002), 127-28.

9. Walsham, Church Papists, 62.

10. Edward Norman, Roman Catholicism in England: From Elizabethan Settlement to Second Vatican Council (Oxford University Press, 1985), 19.

11. Brad S Gregory, Salvation at Stake: Christian Martyrdom in Early Modern Europe (Cambridge, Massachusetts and London, England: Harvard University Press, 1999), 105-6.

12. Gregory, Salvation at Stake, 6.

Machtkampf verwickelt. 1609 wurde er heftiger, als ein neuer Erzpriester ernannt wurde und er nahm noch zu bis in die 1620er Jahre. Die Gründe waren vielfältig. Die Jesuiten hatten Verantwortung für die Ausbildung in den Seminaren und viele der besten Seminaristen verstärkten ihre Reihen. Jesuiten hatten Zugang zu weiterführender Bildung, die dem Weltklerus nicht offen stand. Sie machten diesen Mangel dafür verantwortlich, dass ihr Einsatz in der englischen Mission wenig wirkungsvoll war. Außerdem wollte der Weltklerus eine nationale katholische Hierarchie in England wiederherstellen. Er glaubte, dass die unabhängige Tätigkeit der Jesuiten mit ihrer engen Verbindung zur Autorität des Papstes eine wenigstens eingeschränkte Tolerierung der Katholiken in England verhinderte. Sie spürten auch, dass die Jesuiten sie aus den Häusern des niederen Adels verdrängt hatten, die ihre Söhne in die Schulen der Jesuiten auf dem Kontinent schickten und Jesuiten in ihren Familien willkommen hießen.

Jesuiten und alle Priester, die auf dem Kontinent geweiht worden waren, begingen Hochverrat, wenn sie Englands Küste betraten. Deshalb reisten sie heimlich durch das Land und wohnten in den Häusern von Katholiken, die sich weigerten, sich der Suprematsakte zu fügen, mit der Elisabeth versucht hatte, die religiöse Spaltung im Land zu beenden. Mary Ward wuchs in solchen Häusern auf. In ziemlich dichter religiöser Atmosphäre,—immer mit der Möglichkeit von Spionen, Razzien und Gefängnis konfrontiert—, wurde sie in die ignatianische Spiritualität eingeführt, die ihr Leben formen sollte. Sowohl P Richard Holtby[13] als auch P John Gerard[14], die zu verschiedenen Zeiten ihres Lebens als ihre geistliche Begleiter benannt sind, besuchten ihre Cousins, die Babthorpes, und andere katholische Häuser. Es ist möglich, dass sie das zu Mary Wards Zeit dort taten. Gerards Übersetzung des Geistlichen Kampfs, die Mary

---

13. Philip Caraman, Henry Morse, Priest of the Plague (London: Longman, Green and Co, no date), 34-36. Holtby war 1578 geweiht worden, kam nach England 1579 und führte Edmund Campion im Norden herum, als der 1581 kam. Nach Campions Tod bat Holtby um Aufnahme in die Gesellschaft Jesu und arbeitete im Norden von 1589 bis 1640. Er kam nie ins Gefängnis und hatte anscheinend Fähigkeiten als Zimmermann, Steinmetz und in der Anfertigung von Messgewändern.

14. John Gerard wurde Ende 1590 gefangen genommen und gefoltert. Obwohl er fliehen konnte, blieben seine Hände verkrüppelt von seiner Zeit im Gefängnis. Er machte die Geistlichen Übungen während er im Gefängnis war und gab sie auch anderen Gefangenen. Sein Leben wird erzählt in The Hunted Priest. Unter dem alias von P. Tomson war er Marys geistlicher Führer nach P Roger Lee. Vgl The Hunted Priest: Autobiography of John Gerard, translated by Philip Caraman (London: Fontana, 1959).

als junge Frau erhielt, war ein bedeutendes Buch auf ihrem geistlichen Weg.[15]

Die Geistlichen Übungen

Die Geistlichen Übungen waren das wichtigste Werkzeug der Jesuiten in der Seelsorge. Sie nutzten es, um Menschen dazu zu bekehren, Christus enger zu folgen. Dieses war das Hauptziel ihrer seelsorglichen Arbeit. Die Geistlichen Übungen sind ein Handbuch, ‚wie man etwas tut': wie man das menschliche Herz dazu befreit, dass es sich von sündhaftem Tun und der Fixierung auf das eigene Ich abwendet und sich Gott zuwendet. Ignatius entdeckte aufgrund seiner persönlichen Erfahrung einen Weg, den er weiter entwickelte, der einen Exerzitanten ermutigt, sich Gott zur Verfügung zu stellen und den besten Weg zu erkennen, wie er oder sie Gott dienen kann. Der Text der Exerzitien stand nicht ohne weiteres zur Verfügung, aber später machten die Jesuiten Auszüge oder passten Texte an und veröffentlichten sie als Anleitungen zur Meditation[16] oder Handbücher für ein christliches Leben.[17] Der Prozess, dem Ignatius gefolgt war, der ihm eine Umkehrerfahrung ermöglichte, leitete Prinzen, Regenten, Menschen, die über ihre Berufung nachdachten und die ernsthaft Gott suchten.

---

15. Vgl Henriette Peters, Mary Ward, a World in Contemplation (Herefordshire: Gracewing, 1994), 53, note 89; for a longer discussion see Jeanne Cover, Love, the Driving Force (Marquette University Press, 1997), 35-38.

16. Ein kleines Bändchen, gedruckt von Jesuit Press im Jahr 1614 in St. Omer, enthält sorgfältig bedachte Meditationspunkte über das Leben Christi und ist gewidmet ‚der tugendhaften und frommen Edelfrau Frau Mary Warde und dem Rest ihrer frommen Gesellschaft in St. Omer, sehr verehrte und geachtete Edelfrauen‘, mit dem Rat, dass sie es für sich und andere nutzen sollen. Es trägt den Titel: An abridgement of meditations of the Life, Passion, Death & Resurrection of our Lord and Saviour Jesus Christ Written in Italian by the R. Father Vincenzio Bruno of the Society of Jesus And translated into English by RG Of the same Society Whereunto premised a briefe Methode for Instruction and Practice of Meditation, +IHS, Permissu Superiorum, 1614. Ein Exemplar findet sich in der Abteilung seltener Bücher der Bibliothek des Emmanuel College, Cambridge.

17. Ein Buch von Robert Parsons, einem Jesuiten, den die Reformatoren hassten, wurde übersetzt und mit nur wenigen Veränderungen von einem puritanischen Geistlichen weithin veröffentlicht, weil es das christliche Leben so gut zusammenfasste. Vgl Brad S Gregory, ‚The True and Zealouse Service of Got: Robert Parsons, Edmund Bunny and The First Booke of the Christian Exercise‘, Journal of Ecclesiastical History 45/2 (April 1994): 236-68.

Idealerweise benötigen die Exerzitien eine Erfahrung von 30 Tagen, mit viel Zeit sich auf eine enge Gemeinschaft mit Jesus einzulassen. Doch auch kürzere Formen sind üblich. Dieser Prozess, der auch heute noch häufig von geistlichen Begleitern angeleitet wird, konzentriert in sich das Beste der frühen modernen katholischen Spiritualität. Diese Methode verbindet die Gefühle und die Sehnsucht des Herzens mit der richtigen Lehre. Sie schätzt die Erfahrung des Exerzitanten, hütet sich jedoch vor Selbsttäuschung. Sie respektiert die persönliche Verantwortung, erkennt jedoch Gottes Initiative in jedem Umkehrprozess an. Im Gegensatz zu stärker auf gemeinschaftlichen Vollzug ausgerichteten Frömmigkeitsübungen, baut dieser Weg auf Gottes Verbindung mit jeder Person.[18] Er ist ein Beispiel für das, was sich später als die moderne Entdeckung des Individuums herauskristallisieren sollte.

Das Ziel dieser verschiedenen Meditationen, Kontemplation und Reflexionen liegt darin, ‚den göttlichen Willen zu erkennen um das eigene Leben zu ordnen und seine Seele zu retten.'[19] Was bedeutet jedoch dieser Wille Gottes? Das wird in der ersten Meditation der Exerzitien klar, im Prinzip und Fundament.

Der Mensch ist geschaffen, um Gott zu loben, ihn zu ehren und ihm zu dienen und damit ihre oder seine Seele zu retten; die anderen Dinge auf der Erde sind für den Menschen geschaffen [20]

In einer Anmerkung dazu, weist Ivens darauf hin, dass ‚loben', ‚ehren', ‚dienen' und andere ähnliche Begriffe wie ‚Gehorsam' und vor allem ‚Ehre erweisen' die Worte des Vater Unser,

> ‚und eine Haltung der radikalen Fokussierung auf Gott widerspiegeln, eine Sehnsucht, dass Gott Gott sei und seine Absichten verwirklicht würden Gott wird gelobt, nicht nur durch formale Verehrung sondern dadurch, dass wir dem entsprechend leben, dass in unseren Herzen und unseren Taten Gott als Gott anerkannt wird ‚und dass sein Wille in allen Dingen getan wird.'[21]

---

18 Michael Ivens SJ, Understanding the Spiritual Exercises (Herefordshire: Gracewing, 1998), 14 [15]. Die folgenden Hinweise beziehen sich auf seine Übersetzung. Die Nummern der Exerzitienparagraphen stehen in Klammern.

19. Ivens, 1 (1).

20. Ivens, 29 (23).

21. Ivens, 29.

Gott wird als zentrale Realität erkannt. Zweifellos gab es damals Menschen, für die Gott keine zentrale Rolle spielte, besonders im Hinblick auf ihre Lebensweise, aber selbst sie akzeptierten, dass Gott existiert. Ignatius verschwendete keine Zeit darüber zu streiten, wer Gott ist oder ob er da ist. Gott ist da!

Die Eröffnungsmeditationen konzentrieren sich auf die Güte Gottes uns gegenüber. Dann verbringt der Exerzitant Zeit damit, sich ehrlich seiner eigenen Sündhaftigkeit und der tiefgreifenden Sündhaftigkeit der Menschheit zu stellen und die Notwendigkeit der Vergebung zu erkennen. Sich seiner Bedürftigkeit Gott gegenüber bewusst, geht er weiter und betrachtet das Leben Jesu, geht als Jünger mit ihm und geht langsam auf den Ruf ein, ihm enger zu folgen. Im nächsten Schritt umarmt er, was diese Gefolgschaft mit sich bringen wird: ihn durch sein Leiden zu seinem Tod am Kreuz zu begleiten. Kannst Du den Kelch trinken, den ich trinken werde? Willst Du mir wirklich folgen? Es wird die Möglichkeit angeboten, in tiefer Weise zu erfahren, dass das Leiden Jesu ‚für mich' war. Im letzten Teil, in der Betrachtung der Auferstehung und des Kommen des hl. Geistes, bittet der Exerzitant, Gott gegenüber so offen zu sein, dass Gottes Liebe durch ihn zu allen Menschen strömen kann.[22] Ignatius drängt den Exerzitanten dazu, auf jede der Personen der Dreifaltigkeit zu hören und im Gebet freimütig mit ihnen zu sprechen. Die gegenseitige Kommunikation, die hier beschrieben wird, ist die der Liebe und Freundschaft.[23]

Eine der größten Gaben, die ignatianische Spiritualität der westliche Kirche zur Verfügung gestellt hat, ist der Prozess der Unterscheidung, der im Zentrum der Exerzitien steht. Ignatius setzt voraus, dass ein Mensch, der auf Gottes Wirken aufmerksam wird und um die Gnade bittet, Jesus zu folgen, eine innere Sensibilität entwickeln kann, die es ihm ermöglicht die ‚größere Ehre Gottes' in Dingen der Moral und des Geistes zu wählen. Diese Fähigkeit zur Unterscheidung ruht in einer sensiblen Wahrnehmung der Regungen des eigenen Herzens und der Bereitschaft, sich von Verstrickungen befreien zu lassen, die einen von einer rückhaltlosen Jüngerschaft abhalten. Im Verlauf der Exerzitien wird der Exerzitant immer wieder mit Entscheidungen konfrontiert und ermutigt, sich tiefer auf die geheimnisvolle Beziehung zu dem einzulassen, der kam und unter uns lebte, um uns die Botschaft von Gottes Liebe zu bringen. Das Ziel

---

22 Ivens, 172-78
23. Ivens, 173.

ist die Bereitschaft, die Liebe Gottes in unserem alltäglichen Leben zu erkennen und aus dem Bewusstsein dieser Liebe zu leben.

Die Exerzitien setzen voraus, dass Selbstbeherrschung die Offenheit Gott gegenüber fördert. Ignatius setzt Mäßigung voraus, aber er empfiehlt auch äußere Bußübungen, um die Selbstdisziplin zu entwickeln, die nötig ist, um in schwierigen Zeiten fest zu bleiben und Gottes Ruf gegenüber offen zu sein.[24] Fasten und Schlafverzicht gingen auf das Beispiel Jesu in der hl. Schrift zurück, aber das Erbe des Spätmittelalters betonte das Leiden Christi und einen Aufruf, mit ihm zu leiden. Vor dem Beginn der Reformation, als das Martyrium eine entfernte Erinnerung zu sein schien, nahmen die Leute den Ruf, das Kreuz auf sich zu nehmen und Jesus zu folgen, sehr wörtlich. Sie dachten, dass dieser Ruf körperliche Bußübungen forderte. Ignatius erbte diese Praktiken als normale Elemente des Ordenslebens. Er betrat jedoch Neuland, weil er solche Praktiken nicht vorschrieb; sie waren der eigenen Frömmigkeit überlassen, und er empfahl ausdrücklich Mäßigung darin. Alle solche Übungen sind Mittel zu einem Ziel: eine Selbstkontrolle, die nicht von selbstsüchtigen Bedürfnissen bestimmt wird sondern auf das größere Gute eingestimmt ist. Da Gott ‚das einzig Notwendige' ist, wird Selbstdisziplin gepflegt nicht nur um Überflüssigem zu widerstehen, sondern, im Licht eines höheren Gutes, auch berechtigten Forderungen.

Mary Wards Beziehung zur Gesellschaft Jesu

Wie Mary Ward auf dieser grundlegenden ignatianischen Spiritualität aufbaute, wird später untersucht werden. In diesem Teil liegt der Schwerpunkt auf ihrer engen Verbindung zur Gesellschaft Jesu.

Wie oben gesagt, wuchs Mary in Häusern auf, die um 1590 seit über 50 Jahren hartnäckig an dem verbotenen Katholizismus festgehalten hatten, trotz zunehmend belastender Geldstrafen. Die Jesuiten konnten sich des Schutzes dieser Katholiken sicher sein und hatten einen starken Einfluss auf sie. Sie feierten die Messe und gaben in den Häusern Unterricht im Glauben. In einer Zeit als die Menschen große Angst vor Sünde und Hölle hatten, waren die Beichte und geistliche Begleitung anerkannte Elemente solcher Besuche. Als junge Erwachsene hatte Mary Zugang zu solcher Begleitung. Als sie ihrem Beichtvater ihren Wunsch anvertraute, Ordensfrau zu werden, widerstand er ihrem Wunsch zusammen mit ihrer Familie—es

---

24. Ivens, 71-72.

würde dem Glauben in England mehr nützen, wenn sie heiratete und eine Familie gründete, in deren Haus der katholische Glauben bewahrt würde. Schließlich setzte Mary sich durch, aber sie brauchte sechs Jahre dazu. Ihre Erfahrung zeigt, wie wichtig der Beichtvater war, wenn es darum ging, katholische Standpunkte und Antworten zu formen. Als Pater Holtby seine Meinung änderte, schloss sich die Familie an.

Als sie nach einer illegalen Fahrt über den Kanal in Europa ankam, wandte sich Mary mit der Bitte um Hilfe an die Jesuiten in St. Omer. Ihre Frage war, in welchen Konvent sie eintreten solle. Die lange Geschichte, dass sie als Laienschwester bei den Armen Klarissinnen eintrat und sie dann verließ, um ein Klarissinnenkloster für Engländerinnen zu gründen, hat hier nur begrenzte Bedeutung. Wichtig ist, dass das Jahr dazwischen ihren Kontakt mit den Jesuiten erneuerte. Sie verpflichtete einen Jesuiten, um die 30tägigen Exerzitien zu leiten, als Grundlage für das geistliche Leben der neuen Gemeinschaft. Henriette Peters deutet in ihrem Buch, ‚Mary Ward' an, dass diese Übertragung von jesuitischem Einfluss auf einen franziskanischen Orden zu einigen Spannungen führte.[25] Der Leiter dieser Exerzitien war P. Roger Lee, der in den folgenden sechs Jahren ihr geistlicher Begleiter wurde. Nach 10 Monaten, als sie schließlich entschied, dass sie diese Gemeinschaft ebenfalls verlassen müsste, erhielt sie von ihm keine Unterstützung; er hielt diesen zweiten Austritt für unklug. Nachdem sie gegangen war, erhielt sie weiter geistliche Leitung von ihm. Sie gelobte sogar Gehorsam ihm gegenüber, um ihre ernsthafte Absicht zu bekunden, Ordensfrau zu werden. Für eine kurze Zeit kehrte sie nach England zurück, wo sie für den Glauben arbeitete, indem sie nichtpraktizierende Katholiken für die Kirche zurück gewann und jene, die schwankten, im Glauben wieder festigte.

Ende des Jahres 1609 kehrte Mary mit einer Gruppe gleichgesinnter Frauen nach Flandern zurück. Bis 1611 beteten und fasteten sie und mühten sich aufrichtig zu unterscheiden, was ihr nächster Schritt sein sollte. In der Zeit, während sie auf mehr Klarheit warteten, kehrten einige nach England zurück, um mit ihrer Tätigkeit fortzufahren während andere mit einer Mädchenschule in St. Omer begannen. Der Einsatz in England zwischen 1609 und 1620 trug den Stempel des jesuitischen Vorbilds. Ein bemerkenswerter Bericht aus der englischen Mission enthält die Geschichte einer dieser Frauen, nur bekannt als Dorothea, die in verschiedenen Familien lebte und sie im Glauben unterwies.[26] Wir

---

25. Henriette Peters, Mary Ward, 96-98.
26. Vgl Mary Catherine Elizabeth Chambers, The Life of Mary Ward, volume II (London: Burns and Oates, 1885), 27-39.

lesen, dass ein gewisser Pater Richard Blount, später Provinzial in Belgien, mitten in London lebte und teure und prächtige Kleidung trug, wenn er ausgehen musste, zu Hause aber abgetragene Kleidung.[27] Ähnliche Berichte über Mary und ihre Gefährtinnen kommen spontan in den Sinn.[28] Derselbe P. Blount war jedoch einer ihrer bittersten Feinde, der sie in Briefen aus England beim Pater General tadelte und später versuchte, die Gemeinschaft in Lüttich zu schwächen. Er hielt Nachahmung wohl nicht notwendigerweise für eine Form von Schmeichelei.[29]

Im Jahr 1611, als sie ‚allein und in einer außergewöhnlichen Ruhe des Geistes‘ war, hatte Mary die klare Einsicht, dass sie ‚das Gleiche von der Gesellschaft‘ nehmen sollte. Darunter verstand sie das Gleiche in der Sache und der Lebensweise, das ausgenommen, was der Unterschied des Geschlechts unmöglich machte. Zweimal berichtete Mary diese Erfahrung detailliert und bezog sich in ihrer weiteren Korrespondenz darauf. Jedes Mal betont ihr Bericht die Erleichterung, die diese klare Einsicht ihr brachte:

> Dies sind Worte, deren Wert nicht hoch genug geschätzt werden kann und das Gute, das sie enthalten nicht zu teuer erkauft; diese Worte gaben Klarheit, wo keine war, machten bekannt, was Gott getan haben wollte, gaben Kraft, das zu erleiden, was seither passiert ist, Sicherheit über das, was in Zukunft gewünscht wird, und wenn ich es je wert sein sollte, etwas weiteres für dieses Institut zu tun, dann muss ich von hier weitermachen.[30] [Und an anderer Stelle] es war für mich unmöglich zu zweifeln, dass sie von Ihm kommen, dessen Worte Taten sind.[31]

Aus der Entfernung ist es schwer, die Schockwellen zu verstehen, die ihr Vorhaben auslöste. P. Roger Lee, der sich offensichtlich zu einem gewissen Grad für sie und ihre Gefährtinnen verantwortlich fühlte, muss geschaudert haben, als er von ihrer Entschlossenheit hörte, die Lebensweise der Jesuiten anzunehmen. Er stand ihr und ihren Gefährtinnen ohnehin schon mit wichtigem Rat zur Seite, obwohl die Konstitutionen der Jesu-

---

27. Caraman, Henry Morse, 28-29.
28. Vgl Das Gemalte Leben, aber unheilverheißender Mary Alcocks Anschuldigungen in Peter, Mary Ward, 354.
29. Peters, 283: ‚The Englishwoman's greatest enemy in Belgium, Fr Richard Blount ...‘
30. Brief an P Tomson, 1619, zitiert in Gillian Orchard, Till God Will: Mary Ward through her Writings (London: Darton, Longman and Todd, 1985),61.
31. Brief an Albergati, zitiert in Peters, Mary Ward, 114-15.

iten es ihnen verboten, Verantwortung für eine Frauengemeinschaft zu übernehmen. Im Lauf der Zeit wurde die Weisheit dieser Regel bestätigt; diejenigen die sich in die finanziellen und spirituellen Angelegenheiten des Hauses in Lüttich einmischten, spielten gewollt oder ungewollt eine bedeutende Rolle in der Zerstörung dieser Gründung. Die Gesellschaft Jesu war schmerzlich zerrissen im Hinblick auf diese Gruppe von Frauen. Einige unterstützten sie, andere wiesen ihre Unverschämtheit zurück, - die darin bestand, dass sie es wagten, die Jesuitische Lebensweise nachzuahmen. Pater General wurde von Berichten von beiden Seiten geplagt.[32]

Weil Mary die Führung von Roger Lee sehr schätzte, war sie in einem Dilemma, als er versuchte ihren Plan abzumildern, indem er statt einer aktiven Ordensgemeinschaft ein frommes Institut vorschlug. Er wusste, dass die erste Möglichkeit in Rom nicht annehmbar war. Mary erkannte an, dass Jesuiten keine Verantwortung für einen Frauenorden übernehmen durften. Obwohl sie ihre Regel wollte und ihre geistliche Führung in der Beichte und in den Exerzitien schätzte, wollte sie nicht von ihnen kontrolliert werden. Sie wollte, wie sie, direkt dem Papst unterstehen, unabhängig sowohl von männlichen Ordensleuten als auch von den örtlichen Bischöfen.[33]

Wir sind so weit davon entfernt zu wünschen oder anzustreben, ein Leib mit der Gesellschaft oder ihnen untergeordnet zu sein, dass wir, selbst wenn sie es anbieten würden, solcher Abhängigkeit nie zustimmen würden.[34]

Sowohl Bischöfe als auch Priester waren entsetzt über den Gedanken, dass Frauen Frauen regieren sollten! Es wurde selbst für männliche Ordensleute für riskant gehalten, so einen flexiblen Lebensstil zu haben und wurde nur erlaubt, weil die Jesuiten gut ausgebildet und ihre Arbeit effektiv war. Frauen konnten ein zölibatäres Leben unter den Gelübden nur führen, wenn sie völlig abgeschlossen waren, von allem Kontakt nach außen abgeschnitten. In der weiteren englischen und europäischen Kultur wurden Frauen als die schwächeren Gefäße angesehen; sie hatten nur wenige Rechtsansprüche und Bildung wurde für sie nicht als Priorität angesehen. In Kirchenkreisen war der Glaube, dass nur Männer pastoral arbeiten können, fest eingewurzelt. Frauen konnten so leicht vom rechten Weg weggeführt werden, dass man ihnen nicht einmal Schülerinnen

---

32. Vgl Peter, 272-95 und durchgehend.
33. Peters, 234.
34. In 1617-20, zitiert in M Immolata Wetter, Mary Ward in her Own Words (Rome: IBMV Casa Generalizia, 1999),50.

anvertrauen wollte, denn sie könnten sie ja mit Nachrichten aus der Welt draußen verwirren. Sich frei unter Erwachsenen zu bewegen war völlig unannehmbar. Sie brauchten einen Ehemann oder eine Klostermauer um ihren Anstand zu schützen. Man fragt sich, wie die Reaktion gewesen wäre, wenn man Marys Brief an Winifred Wigmore gelesen hätten in dem sie vorschlägt, dass sie den Novizinnen die Exerzitien gibt: ‚es ist nicht notwendig, die Patres zu bemühen.'[35]

Wenn wir das hohe Maß an Misstrauen zwischen Weltpriestern und Jesuitenmissionaren in England in Betracht ziehen, können wir verstehen, dass Marys Plan für eine Ordensgemeinschaft weiblicher Jesuiten bedeutete, Öl in ein ohnehin zerstörerisches Feuer zu gießen. Den Jesuiten war von ihrem General befohlen worden, nichts mit diesen Frauen zu tun zu haben. Doch der englische Klerus glaubte das nicht und hoffte die Jesuiten zu blamieren indem sie diese ‚fünfte Säule' der Unterstützung der Jesuiten zerstörte. Beide Seiten glaubten, es setze die katholische Sache herab, wenn Frauen andere im Glauben unterwiesen und nichtpraktizierende Katholiken zurück brachten. Das war eine Arbeit, an die sich nur sehr gelehrte und erfahrene Männer heranwagten! Der Weltklerus untergrub ihre Sache in Rom aktiv, indem sie Klatsch und Beschwerden übermittelten und ihrem Repräsentanten den Auftrag gaben, sicher zu stellen, dass Mary Wards Antrag abgeblockt wurde. Die englische Regierung war auch auf der Hut vor einer weiteren Gruppe, die entschlossen war, den katholischen Glauben in England zu erhalten.

In der Zeit von 1615-1620 hatte Mary P. John Gerard als Beichtvater. Seine Unterstützung für sie und ihre Gefährtinnen führte zu weiteren Spannungen und häufigen Berichten über diese Frauen, die es wagten, sich Jesuitinnen zu nennen. Pater General war nicht beeindruckt. Wahrscheinlich erhielt Mary Ward von John Gerard eine Kopie der Konstitutionen der Jesuiten, so dass sie dem Papst eine Variation ihrer Formula Instituti vorlegen konnte. Sie argumentierte damit, dass sie ja nur eine Erlaubnis wollte, die den Männern bereits gegeben worden war.[36] Die finanziellen Angelegenheiten der beiden Gemeinschaften (Jesuiten und Mary Wards Schwestern) in Lüttich verstrickten sich ineinander und verursachten einen noch tieferen Riss. Als Mary 1621-22 in Rom eintraf, kam sie jedoch mit dem Pater General der Gesellschaft, P Vitelleschi zusammen. Das Memorandum, das sie 1622 für ihn schrieb, brachte klar vor, warum sie glaubte, den Weg den sie verfolgte, nicht verändern zu

---

35. Wetter, 123.
36. Peters, Mary Ward, 323.

können.[37] Trotz seines starken Widerstands gegen diejenigen Jesuiten, die der Gemeinschaft in Lüttich und anderswo geholfen hatten, war er persönlich ihr gegenüber freundlich eingestellt und in den nächsten zehn Jahren wies er seine Mitbrüder an, jede Hilfe anzubieten, die sie ihr geben konnten, außer sich in ihre Angelegenheiten hineinziehen zu lassen. Die Jesuiten wussten jedoch, dass Marys Angelegenheit zum Scheitern verurteilt war: es war ganz klar gegen die Natur und das Gesetz, dass Frauen solch eine Lebensweise überhaupt in Erwägung ziehen sollten. In späteren Jahren wusste sie, dass eine Anzahl von Jesuiten sich gegen sie verschworen hatte, und das Codewort in ihren Schriften für die Verschwörer war ‚Jerusalemer', vielleicht eine Anspielung auf ‚Jerusalem, Jerusalem, die du deine Propheten steinigst'. Insgesamt war Marys Beziehung zu den Jesuiten ein Wechselbad aus Unterstützung und Feindschaft. [38]

Mary Wards Spiritualität

Mary Ward baute sowohl bewusst als auch unbewusst auf der Spiritualität auf, die sie von ihren jesuitischen Führern empfangen hatte. Der Fokus auf den Willen Gottes, der in den Exerzitien so zentral ist, war in Marys Leben immer gegenwärtig. Von ihrer ersten Überzeugung an, dass sie zum Ordensleben berufen war, bis zu ihren letzten Tagen ist der Wunsch ‚ganz Gott zu gehören' der Schlüssel zu jeder Interpretation ihres Lebens. Ihr Ausdruck für das, was Ignatius ‚Gott in allen Dingen finden' nannte ist ‚die Freiheit, alles auf Gott zu beziehen'. Wiederholt empfahl sie dies ihren Gefährtinnen. Dieser Ausdruck beinhaltet eine Weite, die ganze Schöpfung zu umarmen und sie zu Gott zu tragen. Er schließt auch die Fähigkeit ein, Gott die Verantwortung für alles zu überlassen und alle Sorgen zu ihm zurück zu bringen. Mary Wards Schwester Barbara schrieb über sie: ‚sie hatte es sich angewöhnt, sich von nichts—wie groß es auch immer war—niederdrücken zu lassen.'[39]

Mary nahm den Glauben, der den Geistlichen Übungen zugrunde liegt, wörtlich nämlich, dass sich Gott direkt mit jeder Person beschäftigt und jede beruft, Christus auf ihre besondere Weise zu folgen. Ihre Gebetsaufzeichnungen und ihre Autobiographie zeigen, dass sie wuchs

---

37. Vgl Gillian Orchard, Till God Will 70-71.

38. Vgl Peters, Mary Ward, 440 und 463, Fußnote 67.

39. Mary Catherine Elizabeth Chambers, The Life of Mary Ward (1585-1645) volume 2 (London: Burs and Oates, 1882), 82.

indem sie sich Zeit nahm, ihre eigenen Erfahrungen zu reflektieren. Sie glaubte, dass Gott sie durch die Einsichten, die sie im Gebet und ihrem Leben gewann, führte. Ihre Einstellung zu Fasten und Buße spiegelt die des Ignatius wider: sie sind Mittel zum Ziel die Selbstkontrolle zu stärken oder auch eine Weise, selbst freier zu werden, um aufmerksamer darauf hören zu können, wohin der Geist sie führt. Die Freiheit, die Mary als entscheidend für die Frauen benennt, die ihrem Weg folgen wollen, ist die Freiheit, die in den Exerzitien dargelegt wird: eine Freiheit von Anhänglichkeit oder Verstrickung in Dinge, die den Weg zu Gott blockieren können; ,eine freundliche Trennung von verschiedenen Dingen dieser Welt, so dass sie keinen Anteil an mir haben noch ich in ihnen. Ich könnte sie besitzen oder auch nicht . . .'[40]

Als Mary ihre Suche nach einem Leben, das ganz Gott geweiht war, begann, glaubte sie, dass die Heiligkeit umso größer sei, je strenger die Abgeschiedenheit sei. Das Ideal war ein Leben, das frei war von allem äußeren Überflüssigem und offen für Gott. Zwischen den Jahren 1605 und 1611 schob Gott die Grenzen dieser Vorstellung immer weiter hinaus. Mary Ward wollte Gottes Willen tun. Sie wusste, dass das bedeutete, Christus dicht zu folgen, eine Einheit von Herz und Verstand mit Christus zu haben. Sie wurde jedoch von der Abgeschiedenheit weg gezogen und fand Sinn im Dienst für andere. Trotz ihres Eintauchens in die Spiritualität der Jesuiten hatte sie noch nicht begriffen, dass es für Frauen eine andere Möglichkeit geben könnte, Heiligkeit mit dem apostolischen Leben zu verbinden. Diejenigen, die sie anleiteten, sahen gewiss keine solche Möglichkeit. Selbst nach 1611, als sie die jesuitische Lebensweise annahm, blieb diese Spannung zwischen Heiligkeit und Aktivität in der Welt bestehen. In ihren Exerzitien 1615 fand sie zu einer Synthese von allem. Im Gebet sah sie eine Person, die völlig Gott gehörte, aber ,nicht wie der Stand der Heiligen, deren Heiligkeit vor allem in der Einheit mit Gott erscheint, die sie außer sich sein lässt'. Sie fühlte sich dazu hingezogen, ,diesen Zustand zu lieben und zu ersehnen, mehr als all jene Begünstigungen.' Was diese Weise charakterisierte, war ,eine einzigartige Freiheit von allem, was jemand dazu bringen könnte, irdischen Dingen verhaftet zu sein,' zusammen mit ,völliger Hingabe und tüchtiger Bereitschaft zu allen guten Werken.' Hier begriff sie gänzlich, dass Heiligkeit und apostolischer Dienst nicht im Gegensatz zueinander stehen, sondern zwei Seiten einer Medaille sein können. Zusätzlich

---

40. Exerzitienaufzeichnungen, 1619, zitiert in Immolata Wetter, Eighth Letter of Instruction 19 (unpublished).

zu dieser Freiheit, alles auf Gott zu beziehen, erkannte sie, dass es eine Geschichte gerechter Personen gab, die Werke der Gerechtigkeit taten in Offenheit Gott gegenüber. Für sie war der zentrale Punkt in all dem, ,dass wir so sind, wie wir erscheinen, und so erscheinen, wie wir sind.'[41]

Mary war sich der Bildungsmöglichkeiten bewusst, die Teil der Formation der Jesuiten war. Ihr war offensichtlich wiederholt gesagt worden, dass deren Stärke und Schutz darin lag. Sie glaubte, dass Frauen diesem Mangel begegnen könnten, indem sie ,die Wahrheit suchten'. Für sie bestand das darin, die Wahrheit zu suchen, sich selbst gegenüber aufrichtig zu sein und die Wahrheit bei dem zu suchen, von dem allein die Weisheit kommt. Dies war der feste Grund, auf dem Frauen stehen konnten. Mit einer Liebe zur Wahrheit wären sie nicht verwundbar durch falsche Ideen und falsche weltliche Wege. Sie glaubte, dass mit Freiheit, Gerechtigkeit und Aufrichtigkeit Frauen den gleichen apostolischen Eifer haben könnten wie Männer. Sie stellte fest, dass Männer sich zu sehr auf ihre Gelehrsamkeit verlassen könnten und nicht genügend auf Gott, während Frauen von dieser Versuchung verschont waren. Verankert in diesen Tugenden, ,sollten wir aus Gottes Händen wahre Weisheit empfangen und die Fähigkeit, all die anderen Dinge zu tun, die die Durchführung dieses Instituts von uns verlangt.'[42] Sie erreichte einen sehr ignatianischen Ort auf ihrem eigenen Weg.

Mary hatte großes Vertrauen in die Jesuiten, selbst wenn es manchmal unangebracht war. Ihr Gehorsamsgelübde Pater Roger Lee gegenüber war sowohl eine Kraftquelle als auch eine Last. Es gab Kraft, weil er jemand war, dem sie vertraute, an den sie sich wenden konnte, zu dem sie eine tiefe Zuneigung hatte—und er bewunderte sie offensichtlich. Es war eine Last insofern P Roger Lee seinen Oberen Gehorsam schuldig war und deshalb unter Druck stand, die Umsetzung der wichtigsten Erkenntnisse, die sie im Hinblick auf ihr Ordensleben hatte, zu unterbinden. In gewisser Hinsicht war die harte Schule des Gehorsams, in der sie sich zwischen 1611 und 1615 bewähren musste, ihre Ausbildung in dieser Tugend, die im Zentrum des ignatianischen Ordenslebens steht. Persönliche Erfahrung formte ihren Spruch, ,wer gut befiehlt muss erst gut gehorchen'.

Ihr Kampf mit dem Gehorsam setzte sich fort bis zum Ende ihres Lebens. Nach P Lees Tod, gewiss nach 1621, galt der Gehorsam nicht einem Jesuiten sondern den Kirchenoberen in Rom. Mary bat um

---

41. Immolata Wetter: Sixth Letter of Instruction, 4-5 (unpublished).
42. Brief an Allerheiligen 1615, zitiert in A Soul wholly God's, no editor (Calcutta: Don Bosco Graphic, no date), 44.

Bestätigung ihres Ordens in England, Belgien und Deutschland. Die Heiligsprechung von Ignatius und Franz Xaver 1622, während Mary in Rom war, zeigte, dass die Kirchenführer diese Lebensweise anerkannt hatten. Mary argumentierte logischerweise damit, dass die Regel ja schon bestätigt war und sie nur darum bat, dass auch Frauen ihr folgen durften. Das größte Hindernis scheint die Klausur gewesen zu sein. Sie machte geltend, dass ihre Gefährtinnen dieses Leben seit 12 Jahren lebten, sowohl im offenen Apostolat in England als auch in den Schulen in Europa. Ihre Arbeit war erfolgreich. Gott hatte diese Weise des Vorangehens in ihren Exerzitien bestätigt. Und schließlich sollte ihre Lebensweise ihre Wahl sein, nicht eine, die ihnen aufgezwungen wurde.[43] Die Kurie war nicht an Ausnahmen zu einer Regel interessiert. Sie wollte die Spannungen zwischen Jesuiten und Weltklerus nicht verschärfen und war nur zu bereit, negativen Klatsch zu glauben und danach zu handeln.

So sorgte gerade die Erkenntnis, die Mary so viel Befreiung schenkte dafür, dass sie den Rest ihres Lebens zwischen dem Gehorsam gegenüber ihrem geistlichen Führer oder den Kirchenführern und ihrem unerschütterlichen Glauben, dass dies Gottes Wille war hin und hergerissen wurde. Wenn man die hierarchische Denkweise bedenkt, die diese Zeit charakterisierte, erforderte es Vertrauen und Mut, etwas zu verfolgen was dem anerkannten Gesetz und der anerkannten Praxis zuwider lief. In den Exerzitien gibt es einen Abschnitt über das Fühlen mit der Kirche, der darauf zielt, eine Haltung der Offenheit der Kirchenführung gegenüber zu entwickeln. Ivens jedoch zeigt auf, dass dies nuanciert war und persönliche Unterscheidung forderte.[44] Marys Bereitschaft, den Oberen alles vorzulegen, und ihre Bitte, dass die Quellen, aus denen Berichte über sie kamen, überprüft und die Verleumdungen, die einliefen nicht kritiklos geglaubt würden, ebenso wie ihre Bereitschaft, der Unterdrückung zuzustimmen, stimmt mit Ignatius Haltung der Kirche gegenüber überein. Gleichzeitig weigerte sie sich, die Erkenntnis zu verleugnen, die von ihrer persönlichen Gotteserfahrung herrührte. Bis zu ihrem Ende versicherte sie trotz der Anklagen der Kardinäle, dass die Berufung zu ihrer Lebensweise von Gott kam. Auf ihrem Totenbett ermahnte sie ihre Gefährtinnen, ‚Gottes Berufung in euch zu pflegen, dass sie beständig, wirksam und liebevoll sei'.[45]

---

43. Peters, Mary Ward, 331-32.
44. Ivens, Understanding the Spiritual Exercises, 248-64.
45. Gillian Orchard, Till God Will, 121.

Fundament dieser Spiritualität war Marys Beziehung zu Gott als Freund, als Weisheit, als Wahrheit und als Güte und Liebe. Ihre Freiheit sich in allen Dingen an Gott zu wenden—die sie als Geschenk für das ganze Institut ansah—die Behutsamkeit, mit der Gott sie zu einer tieferen Einheit mit ihm selbst geführt hatte, ihre Sehnsucht, ganz Gott zu gehören und ihre wiederholten Hinweise, dass Gott ihr sehr nahe war, enthüllen ein Leben, das in Gott, der befreienden Liebe, gegründet war. Ihre Zeiten der Trockenheit und Schwierigkeit im Gebet, konnten ihr Vertrauen, dass Gott ihr nahe war und dass dieses Werk Gottes Unternehmung war nicht verdrängen. Ihr Vermächtnis ist Freundschaft mit Gott als ‚Vater der Väter und Freund aller Freunde'.

Schlussbemerkung

Eine der wesentlichen ignatianischen Konstitutionen fordert das Ordensmitglied auf, den Geist Christi anzunehmen, der bereit war, falsche Anschuldigungen, Spott und den Verlust jeglicher Würde zu erleiden: um Christi willen für einen Narren gehalten zu werden. Es ist ein Ruf, die Demut anzunehmen und Status, Besitz und Macht aufzugeben. Mary lebte diese Konstitution. Sie nahm an, was ihr als Gottes Wille entgegenkam im Wissen, dass Gott alles verwandeln konnte, was passierte, und selbst aus Tod Leben hervorbringen konnte.

Mary wollte, dass ihr Institut Gesellschaft Jesu genannt wurde: ‚was den Namen dieses Instituts betrifft . . . er muss Jesu (Name) sein.'[46] Sie wollte, dass ihre Frauen seelsorglich tätig sein konnten. Sie wollte, dass Frauen Frauen regieren. Sie wollte die vollen Konstitutionen der Jesuiten. Es dauert lange, in der katholischen Kirche Veränderungen zu erreichen. ‚Es ist nie getan worden . . . Nichts in der Tradition erlaubt es . Frauen sind dazu nicht fähig.' Diese Entschuldigungen sind immer noch zu hören. Jedoch 400 Jahre später gibt es Mary Wards Orden immer noch, trotz Unterdrückung und offizieller ‚Ausrottung'. Wir haben jetzt die Konstitutionen der Gesellschaft als die unsrigen und ein Teil des Orden hat endlich die Version des Namens angenommen, den Mary Ward wollte: Congregatio Jesu. Überall auf der Welt begleiten ihre Nachfolgerinnen, zusammen mit anderen Frauen, tausende von Männern und Frauen in Exerzitien. Es ist klar geworden, dass Frauen Frauen regieren können und dass sie eine kreative Urkraft sein können um das Reich Gottes in vielen Aspekten der Gesellschaft voranzubringen.

---

46. Peters, 309.

Kapitel Vier
Ein Weg der Unterscheidung

Ich konnte glauben, dass es für jemand, der entschlossen ist
vor allem danach zu streben Gott zu dienen, kein größeres
Leiden gibt als die Ungewissheit über den göttlichen Willen.
Mary Ward

Leben in Ungewissheit

Möglicherweise verursacht jede Zeit Ungewissheit für die, die in ihr
leben. Unsere Zeit scheint besonders voll mit Unsicherheiten, da wir mit
vielschichtigen Veränderungen und den andauernden Entscheidungen,
die sie nach sich ziehen, konfrontiert sind. Der Suchprozess, was in einer
Situation das Beste ist, wird umso mehr mit Schwierigkeiten befrachtet,
wenn Bräuche, Erwartungen und Werte ständig im Fluss sind. Bei manchen Entscheidungen kann es passieren, dass wir das Ergebnis nie kennen
lernen. Alles was wir tun können, ist die beste Entscheidung zu treffen, die
wir können—ehrlich, offen für die Möglichkeiten und in Übereinstimmung mit den Werten, die uns lieb sind.

Entscheidungen sind persönlicher Ausdruck dessen, wer wir sind und
wer wir sein wollen. Diese Aussage steht unserer Kultur ziemlich entgegen.
Heute sagen uns die Medien, dass Entscheidungen nur zeitlich begrenzte
Optionen mit wenig dauernder Bedeutung sind. Wahrscheinlich hat jedoch
jede von uns aus Erfahrung gelernt, dass unsere Entscheidungen unsere
Zukunft sehr wohl formen, sowohl persönlich als auch gesellschaftlich,
und einen immer größer werdenden Kreis um uns herum betreffen. Wir
hören der Geschichte eines anderen Menschen genauer zu, wenn wir
selbst mit ähnlichen Fragen konfrontiert worden sind, deshalb kann es
helfen, sich einen Moment Zeit zu nehmen, um diese wenigen Fragen zu
überdenken.

Wenn wir mit Unsicherheit konfrontiert sind:

*   Zaudern wir oder entscheiden wir uns schnell, gehen wir unter oder arbeiten wir uns hindurch?
*   Integrieren wir das Unerwartete in unser Leben, zum Beispiel neue Ideen und Standpunkte?
*   Hat unser Glaube Einfluss auf die Entscheidungen, die wir treffen?

In der ignatianischen Terminologie wird die Art, wie wir Entscheidungen treffen, Unterscheidung genannt. Dies ist ein Begriff, der sich in der christlichen Spiritualität entwickelt hat. Er bezieht sich auf die Fähigkeit von Frauen und Männern, abzuwägen und ein Urteil darüber zu fällen, was zu persönlicher Integrität hinführt und was von ihr wegführt. Für Christen ist das nicht nur ein Prozess von Versuch und Irrtum. Wir haben das Leben Jesu, das uns anleitet, wenn wir bereit sind, das Risiko einzugehen. Seine Botschaft der Vergebung, des Dienstes und der Mahlgemeinschaft mit den Ärmsten scheint töricht in unserer Welt mit ihren Kriegen, dem Wettbewerb und der Angst vor jedem, der anders ist. Seine Bereitschaft für die Botschaft seines Lebens zu sterben ist mehr als nur ein wenig unheimlich. Einen Gott der Liebe ins Zentrum seines Lebens zu stellen ist keine Garantie, dass das Leben leicht sein wird, aber es garantiert sehr wohl, dass das Leben Bedeutung haben wird.

Es gibt nicht nur einen Weg, das christliche Leben zu leben. Es gibt vor uns eine lange Reihe von Frauen und Männern deren Leben die vielfältigen Möglichkeiten gezeigt haben, eine Jüngerin, ein Jünger Jesu zu sein. Dieses Kapitel betrachtet, wie Mary Entscheidungen traf, die immer noch Auswirkungen auf viele Menschen heute haben. Ihr Portrait zeigt sie als dunkeläugige Frau mit einer inneren Kraft. Menschen, die auf irgendeine Weise mit Mary Wards Institut verbunden sind—als Schwestern, Mitarbeiter, Eltern oder Schülerinnen und Schüler—teilen ihr Erbe das geltend macht, dass Entscheidungen Bedeutung haben. Ihre Auffassung von Jüngerschaft ist eine Quelle aus der viele Weisheit beziehen können. Ihre Spiritualität, d. h. ihre Weise Jesus zu folgen, umfasste die Bereitschaft, sich auf eine praktische Weise mit den Problemen ihrer Zeit zu befassen.

Marys Kindheit und Jugend veranlasst einen zu der Frage, wie sie ihrem Mittelpunkt treu blieb und inneres Gleichgewicht hielt, als sie mit Ungewissheit konfrontiert war? Der Versuch, inmitten von Verwirrung sich selbst treu zu bleiben, erleben die meisten von uns in unterschiedlichen Zeiten unseres Lebens. Man kann berechtigterweise fragen, ob jemand der damals gelebt hat, uns heute helfen kann? Ihre Welt war so anders!

In ihrer Zeit waren viele Menschen leidenschaftlich religiös. Sie hatten kein Internet, keine Flugzeuge, unsere Art von Globalisierung oder weltweite Fernsehberichterstattung über Erdbeben, Bombardements oder die neuesten Börsennachrichten. Ihre Welt barg jedoch ihre eigenen Vorzüge und Herausforderungen. Von letzteren war ihr Umgang mit einer Kirche, die sich weigerte, sich mit neuen Möglichkeiten für Frauen auseinanderzusetzen, nicht die unbedeutendste. Auf der persönlichen Ebene können wir uns wahrscheinlich damit identifizieren, dass sie mit der Ungewissheit lebte, wohin Gott sie führen würde. Sie musste sich zwischen Gehorsam und persönlicher Verantwortung entscheiden. Sie musste entscheiden, wie sie auf das Scheitern von allem, wofür sie gearbeitet hatte, reagieren sollte. Ihre Stimme spricht zu uns durch die Jahrhunderte hindurch und ermutigt uns, das Leben zu wählen statt eines Fatalismus, der aufgibt, wenn er mit Opposition konfrontiert ist, oder einer Furcht, die sich weigert, sich zu etwas zu verpflichten, weil es unsere Entscheidungsmöglichkeiten einschränken könnte.

Auf der Suche nach dem Weg

Mary rang mehr als zehn Jahre lang darum, herauszufinden, wozu Gott sie in ihrem Leben rief. Im Alter zwischen fünfzehn und dreißig taten sich neue Möglichkeiten vor ihr auf. Im zweiten Teil ihres Lebens stand sie vor der Demontage all dessen, was sie begonnen hatte und selbst dann traf sie Entscheidungen, die Integrität, Loyalität und die Hingabe an ihre Vision wahrten.

Als junge Frau—wir können sie nicht Teenager oder Heranwachsende nennen, da die Gesellschaft von jungen Frauen zwischen zwölf und fünfzehn erwartete, dass sie die Verantwortung einer Ehe auf sich nahmen—war Mary bei ihrer Suche nach dem Weg mit zwei klaren Standpunkten gesegnet. Erstens: als sie ungefähr zwölf war lebte sie in Haushalten, die zu einem intensiven religiösen Glauben ermutigten. Mit der Zeit merkte sie, dass sie sich wegen einiger religiösen Praktiken ängstigte. Sie erkannte, dass Furcht ihrer Beziehung zu Gott abträglich war. Später erinnert sie sich sehr klar, dass sie erkannte, dass man Gott nicht mit Furcht oder einer zögernden Moral dient. Sie schreibt ,ich würde diese Dinge mit Freiheit und Liebe tun oder sie lassen'.[1] Diese

---

1. Autobiografische Fragmente zitiert in Gillian Orchard (ed), Till God Will: Mary Ward Through her Writings (London: Darton, Longman and Todd, 1985),10. In diesem Kapitel beziehe ich mich auf eine Anzahl von Quellen. Es gibt keine einzige verbindliche

Fähigkeit, die Auswirkung ihrer Entscheidungen mit dem Frieden ihrer Seele zu überprüfen, entwickelte und verstärkte sich ihr Leben lang.

Zweitens: Sie entschied sie sich, ein Leben zu führen, das auf Gott ausgerichtet war. Als Mary ungefähr fünfzehn war, sprach eine ältere Frau in dem Haushalt, in dem sie damals lebte, über die Notwendigkeit einer unerschütterlichen Hingabe an Gott, die wesentlich für das Ordensleben war. Mary entdeckte in sich eine Sehnsucht nach solch einem Fokus in ihrem Leben. Von da an war sie sicher, dass Gott sie rief die Suche nach Gott in den Mittelpunkt ihres Lebens zu stellen, auch Ordensfrau zu werden.

> ,Diese Gnade ist durch das Erbarmen Gottes so beständig gewesen, dass ich seitdem nicht für einen einzigen Moment daran gedacht habe, einen gegenteiligen Stand anzunehmen.'[2]

Diese Berufung erfüllte sie mit Liebe, Energie und Hoffnung und zeigte ihr eine allgemeine Weisung, der sie folgen konnte. Die Mitglieder ihrer Familie waren ein schwerwiegendes Hindernis. Aus anderen Gründen als Familien heute Einwände erheben könnten, war die ihre unerbittlich in ihrem Widerstand. Sie verstärkte den Druck des Priesters, der in jenen Häusern sehr großes Ansehen genoss.

> ,Unter all meinen Verwandten und Freunden, sowohl weltlichen als auch geistlichen, gab es niemand, soweit ich mich erinnere, der mich nicht mehr oder weniger davon abbringen wollte, diesen Stand anzunehmen . . . Mein Beichtvater war auch der Meinung, dass ich England keineswegs verlassen oder Ordensfrau werden sollte.'[3]

Quellenausgabe. Diejenigen, die ich zitiere, reproduzieren einander, sind beschnitten, um verschiedenen Zwecken zu dienen und sind frustrierend zusammengestellt. Das behindert ernsthafte geschichtliche und theologische Forschung durch Zugriff auf Mary Wards Schriften. Wie in einem früheren Kapitel erwähnt, ist eine vierbändige Zusammenstellung ihrer Schriften und solcher, die sich auf sie beziehen, herausgegeben in Deutschland, gerade erschienen. Sie stand der Schreiberin dieser Kapitel nicht zur Verfügung.

2. Autobiografische Schriften zitiert in Mary Catherine Elizabeth Chambers: The Life of Mary Ward (1585-1645), volume 1 (London: Burns and Oates, 1882), 46.
3. Orchard, Till God Will, 12.

Wie diese Aussage andeutet, war es nötig, England zu verlassen, wenn man in einen Orden eintreten wollte, weil die katholische Glaubenspraxis in England illegal war. Statt das zu tun, drängten sie alle, die katholische Sache durch eine strategische Heirat zu stärken, eine traditionelle Weise für Frauen, um die Gesellschaft zu stärken. Das Gemalte Leben zeigt mehrere sehr passende Heiratsanträge.[4] Aber Marys Entscheidung war gefallen. Sie hielt ihrem Beichtvater und ihrer liebevollen, großen Familie stand. In der Kultur ihrer Zeit kam der Widerstand einer jungen Frau unerwartet. Ihre Entschlossenheit muss eine tiefe Überzeugung und ein starkes Bewusstsein der eigenen Person vor Gott gebraucht haben. Sechs Jahre lang hielt sie an dem Wort fest, ‚sucht zuerst das Reich Gottes' und nahm sich vor, alles zu tun, was sie konnte und Gott das zu überlassen, was sie nicht konnte. Diese Kombination aus der Fähigkeit, sich selbst loszulassen und auf Gott zu vertrauen, aber auch alles zu tun, was sie konnte, sollte ein zweites Merkmal ihres Lebens werden.

In ihrer Beharrlichkeit gewann sie. England war besonders gefährlich geworden. Im November 1605 waren drei ihrer Onkel in der fehlgeschlagenen Pulververschwörung gestorben. Außerdem wurde ihr Vater inhaftiert aber nicht angeklagt. Die katholische Sache war in Aufruhr und der Druck auf die Jesuiten erhöhte sich sehr. Ihr Beichtvater änderte seine Meinung. 1606, als sie 21 war, stimmte schließlich auch ihre Familie zu. Sie überquerte den Kanal nach St Omer in Flandern, dem katholischen Teil der Niederlande. Wie alle Katholiken riskierte sie Gefängnishaft, wenn sie dabei erwischt wurde, wie sie England verließ. Ordensfrau zu werden bedeutete für Frauen zu dieser Zeit ein abgeschlossenes Leben in der Klausur wobei alle Verbindungen zur Außenwelt abgeschnitten waren. Die Menschen glaubten, dass Frauen intellektuell und moralisch zu schwach waren, um für andere zu arbeiten. Schon zu dieser Zeit störte Mary dieser Standpunkt[5], aber sie konnte keine Alternative sehen, wenn sie ihrer Berufung folgen wollte. Sie machte zwei Versuche bei den Armen Klarissen in einen klausurierten Orden einzutreten. Jeder von ihnen dauerte ungefähr zehn Monate. Zwischen ihnen lag ein Ausbruch organisatorischer Tätigkeit. Tatsächlich gründete sie den zweiten Konvent, in dem englische Frauen dieses Leben des Gebets und der

---

4. Das Gemalte Leben ist eine Serie von 50 Gemälden, die Marys geistlichen Weg dokumentieren. Sie scheinen etwa in 40 Jahren nach ihrem Tod in Auftrag gegeben und ausgeführt worden zu sein. Sie können im Web angeschaut werden unter www. loretonh.nsw.edu.au/mary_ward/.

5. Orchard, 9.

Abgeschiedenheit der Armen Klarissinnen leben konnten. Nachdem sie dieser Gemeinschaft beigetreten war, erkannte sie im Gebet, dass Gott sie zu ,etwas anderem' rief.

> ,Was oder welcher Natur (das sein würde) sah ich nicht und konnte es nicht erraten, nur dass es etwas Gutes sein würde und das, was Gott wollte. Das zu verlassen, was ich so liebte und mit solch spürbarer Zufriedenheit genoss, mich neuen Anstrengungen auszusetzen vielfältige Tadel der Menschen auf mich zu nehmen und den großen Widerstand, der auf allen Seiten auftreten würde: all das quälte mich außerordentlich. Dennoch hatte ich keine Macht, etwas anderes zu wollen oder zu wünschen, als mich diesen Unsicherheiten auszusetzen.'[6]

Als ,entlaufene Nonne' verspottet, kehrte Mary 1609 nach England zurück und betete um Führung für den nächsten Schritt. Ihre Familie und ihre Freunde müssen Marys Rückkehr als Bestätigung angesehen haben, dass sie mit der Missbilligung ihrer Pläne recht hatten. Nach und nach wurde Mary die Sicherheit genommen, dass ein Leben der klausurierten Trennung von der Welt die einzige Möglichkeit war, Gott zu dienen. Ihre Beziehung zu Gott wurde tiefer, während ihr Horizont sich erweiterte und andere Möglichkeiten in den Blick kamen. Diese zeigten sich, indem sie auf die Nöte ihrer Zeit antwortete.

> ,Ich legte ein Gelübde ab, einige Monate in England zu verbringen um das wenige für Gott und die Menschen dort zu tun, was ich tun konnte, in der Zwischenzeit nicht untätig zu sein und besser vorbereitet auf alles, wozu Gott mich rufen würde.'[7]

Ihre Freunde berichten uns, dass sie im Untergrund arbeitete, Gefängnisse und Häuser der oberen Gesellschaftsschichten besuchte, gekleidet als Dienerin oder Dame der Gesellschaft. Sie unterstützte sowohl Priester als auch Laien in ihrem Kampf, der katholischen Kirche treu zu bleiben.[8]

---

6. Orchard, 24, zitiert aus Marys Brief an Nuncio Albergati, geschrieben 1620.
7. Orchard, 26, zitiert aus der Autobiografie.
8. Das Gemalte Leben (17, 18, 19) berichtet diesen Teil ihrer Geschichte.

Sie richtete ein Netzwerk mit anderen jungen Frauen ein—einige Verwandte und andere Freundinnen—die auch aktiv das Reich Gottes suchen wollten.

Sich einem neuen Weg anvertrauen

Gegen Ende des Jahres 1609 erkannte sie, dass Gottes beunruhigender Geist sie nicht dazu rief, einem strengeren Orden beizutreten, sondern mehr zu Gottes Ehre zu tun.

> ‚Eines Morgens, als ich meine Meditation kalt und gar nicht zu meiner Zufriedenheit machte, ging ich dann um mich anzukleiden gemäß der Mode des Landes und anderer Umstände. Während ich mich vor dem Spiegel schmückte . . . wurde mir mit Klarheit und unaussprechlicher Sicherheit gezeigt, dass mir etwas anderes bestimmt war. Ich sah nicht, was das zugesicherte Gute sein würde, aber die Ehre, die Gott dadurch zukommen würde zeigte sich auf unerklärliche Weise und so reichlich, dass sie meine Seele so füllte, dass ich für eine ganze Zeit verharrte, ohne etwas anderes zu fühlen oder zu hören als den Klang „Gloria, Gloria, Gloria".[9]

Sie teilte diese unklare Vorstellung von ‚etwas anderem' in Gesprächen mit gleichgesinnten Frauen, die möglicherweise schon selbständig für den Glauben arbeiteten. Winifred Wigmore, Susanna Rookwood, Jane Brown, Catherine Smith, Barbara Babthorpe, ihre Schwester Barbara Ward und vielleicht Mary Poyntz überquerten mit ihr den Kanal als ihre Gefährtinnen in dieser sich abzeichnenden Mission. Das Gemalte Leben (22) stellt sowohl die Unerschrockenheit als auch die gegenseitige Unterstützung dieser mutigen Frauen dar. Im Alter von 26 Jahren erweckte Mary offensichtlich Vertrauen aber die Existenz von Gefährtinnen vergrößerte auch Marys Verantwortung. Ihre Entscheidungen betrafen nun auch ihr Leben. Als Gefährtinnen konnten sie aber den Weg in die Zukunft miteinander finden. Nachdem sie gebetet hatten, entschieden sie eine Schule zu eröffnen, während sie auf größere Klarheit warteten.

Sie müssen eine außergewöhnliche Gruppe von Freundinnen gewesen sein. Sie kamen aus wohlhabenden Familien, oft in eingeengten Lebensverhältnissen wegen der Geldstrafen der Regierung. Sie nahmen

---

9. Orchard, 27, zitiert aus der Autobiografie; vgl Das Gemalte Leben 21.

ein Leben in großer Armut an und erfuhren nie die Sicherheit einer anerkannten Rolle in der Kirche oder der Gesellschaft. Sie sollten mit Mary zu Fuß durch Europa gehen, manche würden in der Fremde an Krankheiten sterben, einige würden von der Kirche, andere von der englischen Regierung inhaftiert werden. Dennoch glaubten sie mit ihr weiterhin an eine neue Möglichkeit, die sich für sie auftat, für Frauen und für die Kirche. Der Weg in die Zukunft hing von jeder von ihnen ab. Sie werden als offener Freundeskreis[10] abgebildet, und ihr Leben lang zeigen Marys Briefe an sie und die Gefährtinnen, die später dazu kamen, die Liebe und Leidenschaft für Gott, die sie gemeinsam hatten. Sie ermöglichten es dem Institut, nach Marys Tod zu überleben.

Wir wünschen uns oft eine schnelle Antwort. Mary fand das Warten auch schwierig. ‚Ich konnte glauben, dass es für jemand, der entschlossen ist vor allem Gott zu dienen, kein größeres Leiden gibt als die Unsicherheit über Gottes Willen.' [11]Die Gefährtinnen hielten aus, beteten und fasteten während sie nach Klarheit suchten. In diesen Jahren überprüfte Mary ihre Erkenntnisse mit ihrem geistlichen Führer, damit sie sich nicht täuschte. Sie meditierte das Leben Jesu im Evangelium. Sein Leben war der Prüfstein ihrer Visionen und Taten. Ihre Gebetsnotizen sprechen von einer Freiheit, über alles mit Gott zu sprechen, alles auf Gott zu beziehen. Dieser Primat der Liebe über die Furcht gibt das Herzstück der Botschaft des Evangeliums wieder. ‚Sich mit Liebe zu mühen ließ selbst den Tod leicht erscheinen, aber Furcht machte wenig Eindruck auf mich.'[12]

Als sie sich schließlich, 1611, von Masern erholte, hatte sie eine religiöse Erfahrung, die die zukünftige Richtung für sie und ihre Gefährtinnen klärte: Sie sollten einen Frauenorden der Gesellschaft Jesu gründen, d h:

> ‚das Gleiche der Gesellschaft (zu) nehmen, so verstanden, dass wir in der Sache und in der Lebensweise das Gleiche nehmen sollten, nur das ausgenommen, was Gott durch die Verschiedenheit der Geschlechter verboten hat. Diese wenigen Worte gaben ein so großes Maß an Licht . . . so viel Trost und Kraft und verwandelten meine Seele so, dass es mir un-

---

10. Das Gemalte Leben, 22.
11. Autobiografisches Fragment zitiert in M Immolata Wetter: Mary Ward in Her own Words, (Rome: IBMV Casa Generalizia, 1999),21.
12. Wetter, 17.

möglich war daran zu zweifeln, dass sie von ihm kamen, dessen Worte Taten sind.'[13]

Ihre enorme Erleichterung darüber, Klarheit über ihre Entscheidung zu haben, scheint hier durch. Wir können das wahrscheinlich nachfühlen, wenn wir uns an Zeiten erinnern, da uns wichtige Entscheidungen klar wurden.

Diese Erfahrung beendete ihre Suche nicht. Der Weg, der für sie klar war, wurde von anderen nicht gut angenommen.

> ,Mein Beichtvater widerstand; die ganze Gesellschaft Jesu war dagegen; verschiedene andere Pläne wurden uns aufgedrängt; wir konnten nicht anders, als sie zu verweigern. Das verursachte unendliche Schwierigkeiten die unkooperative Haltung der (Patres des Gesellschaft) hat große Schwierigkeiten verursacht und tut es immer noch (Jedoch) habe ich oft an die Unannehmlichkeiten gedacht, die es für beide Institute mit sich bringen würde, wenn die Unsrigen von den Patres der Gesellschaft abhängig wären.'[14]

Ihre Erkenntnis dieses neuen Weges für Frauen wurde beständig klarer. 1621 war sie so weit, dass sie ihre eigene Darstellung präsentieren konnte, wie eine Gruppe von Frauen, die ,das Gleiche der Gesellschaft' angenommen hatte, handeln konnte. Sie wollten, dem Papst unterstellt, sich selbst regieren im Gegensatz zu anderen Orden, die dem örtlichen Bischof unterstellt oder von einem männlichen Oberen abhängig waren. Sie würden sich ,der Verteidigung und der Verkündigung des Glaubens und dem Fortschritt der Seelen im christlichen Leben und der Tugend' [15]widmen, wieder beispiellos für Ordensfrauen. Die Möglichkeiten, die sie benannten, schlossen Gebiete ein, die wir Unterrichten nennen, Sozialarbeit, geistliche Begleitung, Sorge für die Armen und Erwachsenenbildung. Die Schwestern würden ohne Klausur leben und wenn notwendig ohne Ordenskleid. Wenn man sich an die Bestürzung nach dem 2. Vatikanischen Konzil erinnert, als Ordensfrauen ihre Kleidung und ihre Tätigkeiten änderten, kann man verstehen, dass die Menschen,

---

13. Orchard 29, zitiert aus dem Brief an den Nuntius Albergati. Gemälde 24 im Gemalten Leben, das dies darstellt, wurde anscheinen von Mary Ward selbst in Auftrag gegeben.
14. Orchard, 33, Brief an Albergati.
15. Wetter, 84, aus dem Plan ,Institutum I', entworfen in Lüttich, 1620.

die in Rom lebten, entsetzt waren. Mary wusste jedoch, dass sie nicht für die Bekehrung Englands arbeiten konnte, wenn ihre Mitschwestern diese Flexibilität nicht hatten.

Mary wusste, dass Frauen große Kraft und besondere Tugenden brauchten, um auf diesem neuen Weg durchzuhalten. In einem Klima, in dem Heiligmäßigkeit darin gesehen wurde, ‚die Welt zu verlassen‘, erkannte Mary, dass es wirkliche Heiligkeit im Alltag gab, wenn die Menschen sich Zeit nahmen, ihre Augen zu öffnen und Gott in gewöhnlichen Begegnungen gegenwärtig zu finden. Sie empfahl häufig, sich inmitten der gewöhnlichen Freuden, Verletzungen, Entscheidungen und Fragen des Lebens an Gott zu wenden. Sie erkannte eine Freiheit, die darin bestand, einen offenen Zugang zu Gott zu haben und in der Lage zu sein, alles auf Gott zu beziehen. Mit Gott als Bezugspunkt würden die richtigen Werte und Entscheidungen klar werden. Für sie lag die größte Freiheit darin, bei Gott zu sein, statt einer Freiheit, die sich gegen Gott definierte. Ihre Mitschwestern sollten ‚zu allen guten Werken fähig sein‘—Werken der Gerechtigkeit—und mit Integrität handeln; dass ‚wir so sind wie wir erscheinen und so erscheinen, wie wir sind.‘ Sie sah Freiheit, Gerechtigkeit und Aufrichtigkeit als Kennzeichen ihres Institutes.[16] Sie bezieht sich oft auf diese Tugenden, verbindet sie auch mit Wahrheit (Wahrhaftigkeit) und Glück (Glückseligkeit) im Dienst Gottes .

Marys Betonung der Wahrhaftigkeit reflektiert vielleicht eine Debatte, die in England einen Höhepunkt erreichte, nachdem die Pulververschwörung vereitelt worden war. Konnte ein guter Christ zweideutig reden, das heißt sich um die Wahrheit herum manövrieren, wenn er in einer feindlichen Umgebung war? Mary legt großen Wert auf ehrliches Reden mit anderen und ebenso auf radikale Ehrlichkeit sich selbst gegenüber. Ihre Exerzitienaufzeichnungen zeigen, dass sie dies selbst praktizierte: sie berichtet über ihre Ablenkungen beim Gebet, ihre Erkenntnis, dass es gefährlich ist, sich selbst zu überschätzen und Gott zu wenig zu trauen. Sie geht durch Zeiten geistlicher Trockenheit, in denen das Gebet schwierig ist. Jedoch findet sie in diesem Bemühen, ihr Herz für Gott zu öffnen, eine Freiheit, mit Gott zu sprechen und Gott zu dienen. Sie erkennt auch: wenn sie nur einen kleinen Schritt auf diesem Weg zur Heiligkeit macht, wird Gott den Rest tun. Sie sieht, dass Frauen, die diesem Weg folgen und keinen Zugang zu der höheren Bildung haben, die Männern zur Verfügung stand, sich in ihrer Suche nach Wahrheit auf den konzentrieren müssen, der die Wahrhaftigkeit, die Wahrheit selbst ist.

---

16. Gemaltes Leben, 25 und Marys Brief an ihren Beichtvater P Lee, Allerheiligen 1615, zitiert in Orchard, 40-42.

Die hart erkämpfte Weisheit aus diesem ersten Abschnitt von Mary Wards Leben

Marys Leben zeigt sowohl eine grundlegende Spiritualität als auch Schritte auf, die im Hinblick auf Unterscheidung helfen. Diese spiegeln eine Spiritualität, die von St. Ignatius formuliert wurde, dessen Einfluss ihr Leben und ihr Werk formte.

Ihre grundlegende Spiritualität ermutigt uns:

1. Zu glauben, dass Gott uns in Liebe ruft. Sie nannte Gott ‚Vater der Väter und Freund aller Freunde',[17] eine sehr vertraute Anrede. Sie fühlte sich wohl bei Gott, nicht einem rächenden oder richtenden Gott, sondern einem Freund der ‚ihr Herz hält'.[18]

2. Zu glauben, dass unser Glück darin liegt, unsere Herzen auf eine tiefere Beziehung zu Gott einzustimmen. ‚Ich fand in mir eine große Sehnsucht und Zufriedenheit, Gott anzuschauen und nichts anderes zu wollen, als das, was Gott wollte und weil Gott es wollte'.[19]

3. Das Leben Jesu zu betrachten um die Werte zu finden, die uns leiten. ‚Voranzugehen wie Christus war der Anteil der Gnade, den ich mir für meinen Teil wünschte mit großer Liebe das anzunehmen, was mich Christus im Leben und im Verhalten ähnlich machte'.[20]

4. Zu glauben, dass Gott durch unsere eigene Erfahrung mit uns spricht. Es gibt nicht allzu viele männliche Heilige, die davon sprechen, dass sie eine religiöse Erfahrung vor dem Spiegel machen oder wenn sie sich von den Masern erholen. Sie fand Gott im täglichen Leben: ‚Gott ist bei mir und ich habe die Freiheit, mit ihm zu sprechen und ihn alles zu fragen, was ich haben oder wissen möchte'.[21]

Wenn wir über diese zentralen Punkte nachdenken, die Mary Wards Vorgehensweise zugrunde liegen, ist klar, dass sowohl Liebe zu Gott als auch Achtsamkeit sich selbst gegenüber von entscheidender Bedeutung waren.

Wenn es darum geht, wie Mary Ward Gottes Willen für sich herausfand, zeigt ihre Weise des Vorangehens folgendes:

---

17. Orchard, 9, zitiert aus Mary Wards Autobiografie.
18. The Mind and Maxims of Mary Ward (Paternoster series, London, Burns and Oates, 1959), 19, quoting retreat notes of 1619.
19. A Soul Wholly God's: Various papers of Mary Ward (Calcutta: Don Bosco Graphics, no date, 9.
20. A Soul Wholly God's, 31.
21. A Soul Wholly God's, 14.

- Wir nehmen uns Zeit zur Reflexion. Sie nahm sich jeden Tag Zeit, selbst wenn sie das Gebet als kalt und unbefriedigend empfand.
- Wir sehnen uns nach dem, was Gott will und machen uns bereit für jede Richtung, in die Gott uns ziehen will. Mary war nicht mit ihrer ersten Idee verheiratet, oder mit dem, ,was man immer tat'. Sie gibt dem Gott der Überraschungen Raum. Sie schlägt vor, dass wir Gott erlauben, uns ,schnell von dem zu trennen, was weniger erfreulich ist'.
- Wir werden aufmerksam auf unser inneres Leben, erkennen unsere Träume, Gaben, Hoffnungen und Ängste. Ihre Exerzitienaufzeichnungen zeigen Feingefühl gegenüber den Bewegungen in ihrem Herzen: wie sie sich fühlte, was sie innerlich herabzog oder was ihr Hoffnung gab.
- Wir wagen es, uns selbst und Gott gegenüber radikal ehrlich zu sein. Sie überprüft ihre Erkenntnisse mit einer engen Freundin oder einem geistlichen Begleiter, besorgt, nicht nur das zu tun was sie will, sondern dem feinen Wirken des Geistes Aufmerksamkeit zu schenken.
- Wir tun das, was wir in der gegenwärtigen Situation tun können. Sie antwortet immer auf reale Nöte in ihrer Umgebung, statt nichts zu tun. Sie tut was sie kann und vertraut auf Gott in dem, was sie nicht verändern kann.
- Wir warten auf ein Gefühl des Friedens, das von Gott kommt. Mary war eine Person, die sich sofortige Lösungen gewünscht hätte, aber sie lernte, auf Gottes Zeit zu warten. In diesem Warten werden wir nicht allein sein. ,Das scheint der Weg zu sein: dass wir es zuerst erkennen, dann es ersehnen, uns für eine kurze Zeit darum mühen, und dass Gott den Rest tun wird.'[22]

Unsere Kultur unterstützt einen reflektierenden Geist, Integrität der eigenen Person, Treue Verpflichtungen gegenüber oder die Entscheidung gemäß schwierigen Werten zu leben nicht sehr. Mary Ward erinnert uns, dass wahre Unterscheidung von uns fordert, uns selbst zu kennen und danach zu streben, Gott besser zu kennen, Integrität und innere Wahrheit wert zu schätzen und aus dieser inneren Stärke heraus zu handeln.

---

22. A Soul Wholly God's, 19.

Kapitel Fünf
Vertrauen auf Gott

Wenn wir glauben, dass Gott uns verlassen hat, ist es am besten, sich an ihn zu wenden und eifrig und demütig unsere Liebe auszudrücken als ob Gott wirklich bei uns sei.[1]

Mary Ward

Es gibt Zeiten, in denen nicht die inneren Unsicherheiten, sondern Schläge von außen unsere Energien verbrauchen. Was einst sicher erschien, wird unterminiert oder wir sind gefangen zwischen unseren Träumen und einer unnachgiebigen Wirklichkeit, die sie zerstört. Was kann Mary Ward uns darüber lehren, wie man mit Opposition fertig wird, wie man damit fertig wird, wenn unsere Träume zerstört werden? In einer Welt, in der die Hoffnung auf Frieden auf Krieg trifft, in einer Kirche, in der sich viele Frauen ausgegrenzt fühlen, an anderen Schauplätzen, wo wir auf Mauern treffen, kann Mary Ward Licht auf diese Dinge werfen? Wenn wir uns der zweiten Hälfte von Mary Wards Leben widmen, ist es wertvoll, wenn wir unsere eigene Erfahrung reflektieren. Wie ist meine Beziehung zu Gott, wenn Dinge in meinem Leben fehlzuschlagen scheinen?

Mary Ward beschrieb die zweite Hälfte ihres Lebens als die ,lange Einsamkeit', in der sie hart arbeitete, um etwas Neues hervorzubringen.[2] Ihr härtester Kampf war der mit der Kirche, die sie herzlich liebte. Für viele Frauen unserer Zeit bleibt dies der Schauplatz, wo sie Entfremdung und Unnachgiebigkeit gegenüber stehen. Das macht Mary Wards Erfahrung besonders bedeutungsvoll für sie. Aber auch alle Menschen, die sich mit dem Verblassen ihrer Träume auseinandersetzen müssen, können

---

1. M Immolata Wetter, Mary Ward in Her own Words (Rome IBMV Casa Generalizia,1999), 217.
2. Gillian Orchard (ed), till god will: Mary Ward Through her Writings (London: Darton, Longman and Todd, 1985), 73.

wahrscheinlich ihren Schmerz und den schwachen Hoffnungsschimmer fühlen, der nach dem Unglück wieder zum Vorschein kommt.

Man kann diesen letzteren Teil ihres Lebens ziemlich schonungslos zusammen fassen. Sie und ihre Gefährtinnen gründeten auf das Geheiß der weltlichen Regenten, die darin eine wirkliche Notwendigkeit sahen, Gemeinschaften und Schulen für Mädchen überall in Europa. Sie pendelten hin und her zwischen England und dem Kontinent und arbeiteten im Geheimen, um den Glauben der Menschen zu stärken. Sie setzten sich in internen Streitigkeiten mit einigen Schwestern auseinander, die gegen ihre Vision eines Frauenorden der Jesuiten waren und die von Jesuiten und anderen unterstützt wurden. Sie baten die Kirchenoberen, die Notwendigkeit dieser Arbeit und ihren Wert anzuerkennen und zu bestätigen, dass Ordensfrauen auf neue Nöte antworten konnten. Sie trafen auf wachsende Opposition, angefacht von schlecht informierten Priestern und anderen, die bösartigen Klatsch nach Rom trugen. Sie hielten durch angesichts unglaublicher Armut und Not, als nach und nach alle Häuser geschlossen wurden und sie sich anstrengen mussten, Wohnung, Transportmöglichkeiten und Nahrung für die Schwestern aufzutreiben, die blieben. Sie erlitten den Schmerz und die Schande der offiziellen Verurteilung durch Kirchenobere. Ihre Gemeinschaften und Schulen wurden geschlossen, ihre Gelübde für nichtig erklärt. Sie wurden aus ihren Häusern ausgestoßen, mitten hinein in den 30jährigen Krieg, ohne Mitgift oder die Sicherheit der Zugehörigkeit zu einem Ort.

Diese Liste der Errungenschaften und der Prüfungen ist nichts weniger als atemberaubend. Mary Ward lebte etwa die letzten 20 Jahre ihres Lebens mit wiederkehrenden Schmerzen durch Nierensteine, Fieber und Migräne und war ein paarmal dem Tod nahe. Von 1621 bis 1638 unternahm sie mit ihren Gefährtinnen zahlreiche Reisen zu Fuß durch Europa. Mary verbrachte zwischen 1622 und 1627 Jahre der Aussichtslosigkeit in Rom, als sie versuchte dieses neue Unternehmen zu erklären und um die Möglichkeit bat, den Kirchenoberen zu zeigen, dass es funktionieren konnte. Ihre Schwester Barbara starb zu jener Zeit in Rom. Mary traf sich mit dem Papst, mit Kardinälen und dem Pater General der Gesellschaft Jesu. Sie wurde fertig mit Verzögerungstaktiken, Anspielungen und der Verachtung von jenen, die glaubten, dass Frauen wissen sollten, wo sie hingehören, während sie gleichzeitig wusste, dass ihre Mitschwestern in schrecklicher Armut lebten. Sie gründete Häuser in München und Wien und anderen Städten Europas. 1631 befahl die Inquisition, sie wegen Häresie, Schisma und Rebellion gegen die Kirche zu inhaftieren. Sie wurde für einige Monate ins Gefängnis geworfen und man verweigerte ihr die heilige Kommunion, wenn sie nicht bereit wäre, ein Dokument zu unterschreiben, das ihrer Meinung nach ihre Glaubwürdigkeit beeinträchtigte.

Als sie auf Befehl des Papstes freigelassen wurde, musste sich Mary den Obrigkeiten in Rom stellen. Obwohl sie krank war, unternahm sie eine weitere Reise über die Alpen, überwiegend zu Fuß. Die folgenden fünf Jahre 1632-1637 lebte sie unter dem Schutz des Papstes in Rom, aber unter den Augen von Spionen der Inquisition, die jede ihrer Bewegungen beobachteten. 1638-39 kehrte sie über Frankreich nach England zurück, wo sie zunächst in London lebte und dann, als der Bürgerkrieg zur Gewissheit wurde, mit wenigen Wagenladungen von Gefährtinnen nach York zog. Sie starb 1645 und durfte nicht von sich sagen, dass sie eine Ordensfrau sei.

Auf Anordnung der Kirchenobrigkeit wurden Biografien über sie verbrannt und ihre Briefe vernichtet. 1749 wurde die Tatsache, dass das Institut in mehreren Diözesen existierte, legitimiert, aber ihren Gefährtinnen wurde verboten, Mary Ward Gründerin zu nennen. Engagierte und fähige Frauen traten weiterhin ihrer Gemeinschaft bei und hielten Mary Wards Vision lebendig. Nach und nach wurde das, wofür sie gearbeitet hatte, anerkannte Praxis. 1909, dreihundert Jahre nachdem sie mit ihren Gefährtinnen begonnen hatte, nahm Rom das Verbot zurück, sie als Gründerin des existierenden Instituts anzuerkennen und gab damit der Gemeinschaft, die bis heute existiert, ihre Gründerin zurück.

Mary Wards Gebet, dass ihr Leben nach dem Leben Jesu geformt würde, wurde in einer Weise Wirklichkeit, die sie nicht vorausgesehen hatte. Der australische Cartoonist und Prophet, Michael Leunig, hat folgendes Gebet verfasst:,Das was in uns Christus ähnlich ist, wird gekreuzigt werden. Es soll leiden und gebrochen werden. Und das was in uns Christus ähnlich ist, soll auferstehen. Es soll lieben und erschaffen.'[3] Mary Ward lebte im Geist dieses Gebets.

Anstelle einer tiefen Durchdringung ihrer ganzen Geschichte, untersucht dieses Kapitel drei Überzeugungen, die Marys Antwort auf den Ruf Gottes in diesem letzteren Teil ihres Lebens bestimmten:

- Marys Glaube daran, dass Frauen zu gleichberechtigter Jüngerschaft berufen sind
- Ihre reife Liebe zur Kirche

---

3. Michael Leunig, A Common Prayer Collection (North Blackburn: Collins Dove, 1993).

- Ihr Glaube, dass diese Gemeinschaft das Werk Gottes war. Es war Gottes Sache in Gottes eigener Zeit Ergebnisse hervorzubringen, und so konnte sie im Frieden sein trotz des Misserfolges.

Marys Glaube an die Gleichstellung der Frau

Wenn die Leute hören, dass Mary als Häretikerin verdammt wurde und ihr Lebenswerk von der Kirche unterdrückt wurde fragen sie: Was hat sie getan, was so falsch war?

Mary glaubte einfach, dass Frauen dabei helfen konnten, das Evangelium zu verbreiten. Wegen ihres englischen Hintergrundes wusste sie, dass Frauen Führungskraft hatten, zu intelligentem Sprechen über den Glauben und zur Seelsorge fähig waren. Und sie glaubte, dass Gott sie zu solchem Wirken berief. Ihre Überzeugung ,ich hoffe in Gott, dass Frauen in der Zukunft viel tun werden'[4] war durch Erfahrung geprägt, und doch im Angesicht von Ablehnung, sowohl von der Gesellschaft als auch von Kirchenkreisen.

Falsche biologische Kenntnisse und patriarchalische Missverständnisse hinsichtlich der Fähigkeiten von Frauen bedeuteten, dass in der Kirche und der weiteren Gesellschaft Frauen—trotz gegenteiliger Beweise—als den Männern unterlegen, schwächer und unbeständig angesehen wurden.[5] Sie waren das Eigentum ihrer Väter oder Ehemänner, die ihre rechtmäßigen Vormünder waren. Nur wenige reiche Familien erlaubten Mädchen, am Unterricht des Hauslehrers des Sohnes teilzunehmen. Predigten und Moralbücher portraitierten Frauen oft als neue Evas, die Männer in die Irre führten. Die Historikerin Patricia Crawford schreibt: ,Im frühen modernen England wurde jeder, der versuchte die Rollen von Frauen und Männern zu verändern, sowohl für unnatürlich gehalten (gegen die Natur) als auch für gottlos (Gottes Plan bedrohend).'[6] Die Religion war eine machtvolle Unterstützung der Geschlechterordnung. Der vorherrschende protestantische Denkansatz berief sich auf einen Brief des Hl. Paulus: ,Frauen wurden gepriesen, wenn sie demütig, schweigsam, duldsam, mild,

---

4. Mary Catherine Elizabeth Chambers, The Life of Mary Ward, volume 1 (London: Burns Oates, 1882), 410.
5. Vgl Antonia Fraser, The Weaker Vessel: Women's Lot in Seventeenth Century England (London: Mandarin, 1993).
6. Patricia Crawford, Women and Religion in England, 1500-1720 (London and New York: Routledge, 1993), 148.

fromm und entgegenkommend waren.'⁷ Die katholische Kirche bezog
sich auf ein komplexere aber ambivalente Anthropologie in der spirituelle
Gleichwertigkeit mit Misstrauen gegenüber Emotionen und Sexualität
kämpften. Diese Ansicht drückte sich im Kirchenrecht aus, in dem Frauen
klar untergeordnet waren. Die Erfahrung forderte festgelegte Positionen
jedoch oft heraus. Elisabeth war Königin von England, die Infantin
Isabella Clara Eugenia war die Regentin der Spanischen Niederlande
und andere Frauen spielten wichtige Rollen in den regierenden Familien
in Europa. Rom, als Hauptstadt des Kirchenstaates, war an die klerikale
Regentschaft gewöhnt.

Mary erinnerte sich, dass sie einen Priester sagen hörte, er würde nicht
in tausend Welten eine Frau sein, da Frauen unfähig seien, Gotteserfah-
rungen zu machen. Mary gründete ihre Spiritualität auf ihre anhaltenden
Erfahrungen mit Gott, der in ihrem Leben am Werk war, wie die wenigen Exerzitienaufzeichnungen zeigen, die uns erhalten sind. Sie bemerkte
später, dass sie still lächelte, als sie die Äußerung des Priesters hörte, aber
schwieg:

Ich hätte ihm mit der Erfahrung antworten können, die ich vom Gegenteil habe. Er hätte mir leid tun können, wegen seines Mangels an Ur-
teilskraft, aber er hat tatsächlich ein gutes Urteil. Sein Mangel liegt in der
Erfahrung.⁸

Die Gelassenheit, die in dieser Antwort deutlich wird, zeigt eine
Weisheit, die Mary Ward daran hindert, lautstark ihre Überzeugung von
der Gleichberechtigung der Frau zu verkünden. Allerdings konnte sie
ihre Meinung durchaus geltend machen. Ein Priester, der sie besuchte,
bemerkte: ,ihr Eifer wird vergehen und wenn alles getan ist, sind sie doch
nur Frauen.'⁹ Das beflügelte sie zu einer kraftvollen Ansprache an ihre
Schwestern:

Ich möchte gerne wissen, was er eurer Meinung nach mit dieser Aussage ,nur Frauen' sagen wollte und was ihr glaubt, was ,Eifer' ist? Eifer ist
der Wille Gutes zu tun, eine Gabe die uns großzügig von Gott gegeben
wird, die wir nicht verdienen können. Es ist wahr, der Eifer erkaltet oft,
aber was ist der Grund dafür? Passiert es, weil wir Frauen sind? Nein,

---

7. Dian Willen, ,Women and Religion in Early Modern England', in Sherrin Marshall
(ed), Women in Reformation and Counter Reformation Europe (Bloomington: Indiana University Press, 1989), 148.
8. Chambers, The Life of Mary Ward, volume 1, 411.
9. Chambers, 408.

sondern weil wir unvollkommene Frauen sind und nicht die Wahrheit suchen sondern Lügen nachlaufen.

Es gibt keinen solchen Unterschied zwischen Männern und Frauen, so dass Frauen keine großen Dinge tun könnten und ich hoffe in Gott, dass man sehen wird, dass Frauen in Zukunft viel tun werden.

Bisher wurde uns von Männern gesagt, dass wir glauben müssen. Es ist wahr, das müssen wir, aber lasst uns weise sein und erkennen, was wir glauben müssen und was nicht und lassen wir uns nicht einreden, dass wir nichts tun können.

Worin sind wir so minderwertig dass sie uns ‚nur Frauen' nennen sollten? Als ob wir in allen Dingen einem Wesen unterlegen sind, das, wie ich annehme, der Mann ist! Was, wie ich kühn zu sagen wage, eine Lüge ist, und mit Rücksicht auf den guten Priester kann ich sagen, es ist ein Irrtum. Ich wünschte zu Gott, dass alle Männer diese Wahrheit verstünden, dass Frauen, wenn sie vollkommen sein wollen und wenn sie uns nicht glauben machten, dass wir nichts tun können und nur Frauen sind, große Dinge tun könnten.[10]

Marys grundlegende Erkenntnis, dass Frauen sowohl Ordensfrauen sein konnten als auch seelsorglich arbeiten konnten, um den Glauben ihrer Mitmenschen aufzubauen, forderte die gängigen Klischees heraus. Sie wollte nicht nur, dass ihre Mitschwestern Unterricht im Glauben gaben. Sie sagte ihnen, wenn sie die Wahrheit suchten und Gott vertrauten, würden sie treu bleiben, auch ohne den Schutz von Klostermauern oder einem Ehemann, der sie kontrollierte. Sie sah der Tatsache ins Auge, dass Frauen in die Irre geführt werden konnten, aber da es ihr gelungen war, eine Anzahl von Priestern zurückzubringen, die ihre Berufung verloren hatten, wusste sie, dass das kein spezifisch weibliches Problem war. Mit Gottes Gnade hatten Frauen sowohl den Verstand als auch die seelsorglichen Fähigkeiten für eine Vielzahl von Diensten.

Sie und ihre Mitschwestern zeigten Mut, Einfallsreichtum und Entschlossenheit. Mary überquerte den Kanal häufig in kleinen Schiffen und wurde als Verräterin in England ins Gefängnis geworfen. Als ernstlich kranke Frau ging sie wenigstens dreimal zu Fuß über die Alpen und Ende 1620 gründete sie Jahr für Jahr Schulen überall in Europa. Sie vertraute darauf, dass Gott die Schwestern bereitstellen würde, die in ihnen unterrichten sollten, Frauen die sowohl Fremdsprachen gewachsen waren als auch den politischen Intrigen. Vielleicht war dies

---

10. Chambers, 408-10 .

nicht der klügste ‚strategische Plan', aber es bleibt ein Vermächtnis ihrer Überzeugung und ihres Vertrauens in Gott—und in die Schwestern die mit ihr zusammenarbeiteten. Aus den Briefen an ihre Gefährtinnen wird klar, wie sehr sie ihre Freundschaft, ihre Liebe und ihren Einsatz schätzte. Winifred Wigmore war offensichtlich eine Vertraute—‚Ich habe Dir eine Welt von Dingen zu sagen'[11]—eine getreue Mitarbeiterin, und eine zuverlässige Verteidigerin des ganzen Unternehmens.[12] Mary verfolgte mit großem Interesse die Formation der neuen Mitglieder für die Arbeit, die vor ihnen lag.

Neid und Spannungen waren zwischen dem Diözesanklerus und den Jesuiten weit verbreitet, aber keine Seite konnte mit einer Gruppe von Frauen auskommen, die Pläne hatten, die kaum für Männer toleriert wurden. Alle hatten Angst, dass sie durch die Verbindung mit diesen Frauen in Verruf kämen. Mary und ihre Gruppe wollte die Lebensweise der Jesuiten annehmen und auch den Namen Jesus für ihre Gemeinschaft. Die Jesuiten fürchteten, dass die Frauen von ihnen geführt werden wollten. Mary schreibt Nuntius Albergati: ‚Ich denke oft . . . an die Nachteile, die beide Teile hätten, wenn die Unsrigen in irgend einer Weise von den Patres der Gesellschaft Jesu abhängig wären:'[13]

Im Vorgriff auf die römische Zustimmung zu ihrem Plan, und damit sie zeigen konnte, dass diese Lebensweise möglich war, hatte sie Frauen zu Oberinnen von Gemeinschaften ernannt, andere mit Verantwortung für eine Region betraut und wurde selbst als Generaloberin des Ordens angesehen. Die Vorstellung, dass Frauen über Bedürfnisse, Personal und Formation Entscheidungen treffen konnten, war gegen jedes Klischee von Frauen, die als wankelmütig, gefühlvoll und leicht in die Irre geleitet (und andere in die Irre leitend) galten. Mary glaubte leidenschaftlich an die Fähigkeit von Frauen, hohe Ziele zu erreichen, wenn sie sich beständig in Gott gründeten. Sie bewahrte diesen Glauben bis zu ihrem Tod. Man sieht, dass sie mit den patriarchalen Überzeugungen ihrer Zeit auf Kollisionskurs war—und nicht nur mit denen ihrer Zeit.

---

11. Orchard, Till God Will, 93.
12. Vgl Winifreds kräftige Antworten zu Nuntius Carafa in Lüttich, vor ihrer Gefangennahme; Henriette Peters, Mary Ward: A World in Contemplation (Herefordshire: Gracewing, 1994), 537-55.
13. M Immolata Wetter, Fifth letter of Instruction (roneod copy), 12.

Marys reife Liebe zur Kirche

Wir können das Wort ‚reif' benutzen, weil Marys Liebe zur Kirche tief und dennoch realistisch und eine Liebe mit offenen Augen war. 1631 erklärte sie aus dem Gefängnis:

‚Seit 26 Jahren habe ich mit großem Respekt für seine Heiligkeit und die Heilige Kirche meine schwachen Bemühungen und meinen Fleiß in ihren Dienst gestellt. Ich habe nie etwas getan oder gesagt, weder groß noch klein, gegen seine Heiligkeit oder die Autorität der heiligen Kirche noch würde ich jetzt um tausend Welten willen oder um des Gewinns irgendeines jetzigen oder zukünftigen anscheinend Guten, auch nur das kleinste unpassende Ding tun ... eine wahre Katholikin und gehorsamste Tochter der Heiligen Kirche.'[14]

Der Heilige Stuhl war von zentraler Bedeutung für ihre Gründung. Die starke Verbindung der Jesuiten zum Papst erhöhte ihre Flexibilität und verhinderte die Einmischung der Ortsbischöfe. Mary kannte aus Erfahrung den Einfluss von Bischöfen und Mitgliedern von Männerorden, der eine Gruppe von Frauen spalten konnte. Sie wollte die gleiche Freiheit wie die Jesuiten, so dass ihre Schwestern ‚bereit (sein konnten), ohne Ausflüchte oder Entschuldigungen in alle Provinzen zu gehen, in die der Heilige Stuhl uns senden mag, soweit es an uns liegt und kluge Liebe es für unsere Ziele für angebracht hält'.[15] Mary wusste, dass sie die anerkannten Vorstellungen von Frauen herausforderte, die Regeln, die von Männern beim Konzil von Trient aufgestellt worden waren. Sie wusste, was verloren ginge, wenn dieser Dienst beendet werden sollte. Sie nutzte jedes Mittel, das in ihrer Macht stand, um die Autoritäten die neuen Möglichkeiten erkennen zu lassen, aber schließlich nahm sie deren Unterdrückungsbefehl an.

Heute könnten wir fragen: Warum brauchte sie die Anerkennung der Kirche? Heute fühlen sich viele von der Kirche abgestoßen durch ihre Haltung Frauen gegenüber. In ihrer Zeit war die Wahl klar: bleibe bei Rom oder geh zu den Reformatoren, obwohl es wenig Hinweise gab, dass es ihr mit ihren Plänen in lutherischen, calvinistischen, puritanischen Kreisen oder in der Kirche von England besser ergangen wäre. Mary war in einer leidenschaftlichen Bindung an den Katholizismus aufgewachsen, es war Teil ihres Erbes. ‚Meine Eltern waren beide tugendhaft und litten viel für

---

14. Marys eigene Erklärung aus ihrem Gefängnis im Angerkloster, München, 1631, zitiert in M Immolata Wetter, Mary Ward in Her Own Words (Rome: IBMV Casa Generalizia, 1999), 165.

15. Wright, Mary Ward's Institute, 23, zitiert Marys Unterwerfung unter den Heiligen Stuhl 1621.

die katholische Sache.'[16] Ihre Familie hatte der Reformation widerstanden. Obwohl sie für die Fehler der Kirche nicht blind waren, hatten sie an eine Wahrheit geglaubt, die größer war als die Wünsche des derzeitigen Königs oder der Königin. Ein Liebe zu Maria, der Mutter Gottes, die Gemeinschaft der Heiligen, eine ,reiche' Theologie der Eucharistie und die Möglichkeit einer weltweiten ,Katholizität', begründet in der Tradition und symbolisiert durch das Papsttum—das waren Dinge die in ihrem Glauben tief eingewurzelt waren. Und sie hatten für diesen Glauben gelitten.

Mary Ward litt Englands wegen. Sie kannte die Zerstörung, die die Weigerung der Weltkirche anzugehören in ihrem Land verursacht hatte. Eine Dringlichkeit, den Glauben ihrer Landsleute zu stärken, sie in schweren Zeiten zu unterstützen, ihnen zu helfen, einem liebenden Gott näher zu kommen und sie vor dem Feuer der Hölle zu retten, das war es, was sie antrieb. Sie war überzeugt, dass Frauen für die Rettung der Seelen arbeiten konnten und trotzdem Ordensfrauen sein konnten. Diese Arbeit für das Evangelium aber ohne die Zustimmung der Kirche zu tun wäre undenkbar gewesen. Sie sah tiefer als in das begrenzte Verständnis der Kirchenoberen. Trotz all ihrer Fehler war dies die Institution, der die Botschaft von Gottes rettender Liebe anvertraut war. Sie gehörte dazu und liebte sie, trotz ihrer Entstellungen durch Korruption oder Ungerechtigkeit.

Es ist heilsam zu sehen, wie das System gegen jemand arbeiten kann, der versucht Veränderungen hervorzubringen. Einige ihrer Gegner waren gegenseitige Feinde: die Jesuiten und der englische Weltklerus lagen im Streit wegen ernsthafter Probleme. Jedoch waren einige Jesuiten einer Meinung mit dem englischen Klerus[17] in ihrem Wunsch, die neue Gründung zu zerstören. Vives, der Botschafter der Infantin Isabella Clara Eugenia der Niederlande (trotz der Unterstützung, die die Regentin Mary gab) und die britischen Gesandten von James und Charles waren vereint in ihrer Verachtung für Mary Wards Plan.[18] Der Kardinal von Wien war beleidigt, weil sie mit dem weltlichen Regenten verhandelte, mit dem er eine angespannte Beziehung hatte.[19] Verschiedene Nuntien waren sehr daran interessiert, Rom gegenüber Loyalität zu zeigen, indem sie Sekretär

---

16. Wetter, Mary Ward in her Own Words, 3, zitiert aus ihrer Autobiografie.
17. Die Bemühungen des Weltklerus den Orden in Verruf zu bringen und zu unterdrücken sind gut dokumentiert. Vgl Henriette Peters, Mary Ward, 389 und weitere.
18. Peters, 387.
19. Peters, 444-48.

Ingoli der Glaubenskongregation unterstützten, der die Unterdrückung des Instituts vorantrieb.[20] Ihre Briefe zeigen, dass der Informationsfluss über das Schicksal des Instituts auf die Mitglieder im hierarchischen Netzwerk begrenzt war. Das Gespräch mit den Personen, die am engsten betroffen waren, war oft gewollt täuschend.[21] Mary Ward erhielt keine Kenntnis über die Anklagen gegen sie, und so konnte sie diese auch nicht widerlegen. Die wichtigsten Kritikpunkte gegen sie und ihre Gefährtinnen waren die folgenden: Diese ‚galoppierenden Jungfrauen' blieben nicht abgeschlossen hinter Mauern in Ordenstracht, sondern sie zogen herum zu unterschiedlichen Orten. Ihr Ziel war die Bekehrung Englands und sie arbeiteten dafür wie Priester. Diese ‚Jesuitessen' wagen es, über religiöse Themen zu sprechen, sogar in der Gegenwart von Männern. Bis heute hat man nie davon gehört, dass Frauen apostolisch arbeiten. Sie sind dazu nicht fähig.[22]

Jeder praktische Schritt den Mary tat—ob sie Häuser und Schulen gründete oder in persönlichen Treffen dafür plädierte oder Eingaben schrieb—stärkte die Entschlossenheit ihrer Gegner gegen dieses neue Unternehmen Widerstand zu leisten.

Mary kannte die Mächte, die sich gegen sie versammelten. Als der Papst ein Komitee von Kardinälen berief, die sich mit ihrem Fall befassen sollten, vertraute sie ihrer engen Freundin, Winifred Wigmore an:

> ‚Ich habe all die vier Kardinäle einmal getroffen, fand aber wenig, was die trösten könnte, die nicht völlig auf Gott vertrauen   Hilf mir mit deinen Gebeten. Ich werde unsere Sache mit aller Kraft, die ich habe, verfolgen, von mir wird es keinen Aufschub geben. Für den Rest soll Gott seinen heiligen Willen tun. [Und später:] Die Kardinäle wollen das Schlimmste tun, was sie können, aber sie können nicht mehr tun, als Gott ihnen [erlauben wird].'[23]

Es muss schwer gewesen sein, mit dem Widerstand zu leben. Sie wusste etwas von den versteckten Absichten, die hinter der Entschlossenheit steckten, ihren Orden zu zerstören. Sie versuchte, die Position des Papstes

---

20. Peters, 508, 560 und weitere.
21. Peters, 480-96.
22. Chambers, volume 2, 183-187; ‚Memorial of the English clergy', in Gänze zitiert in der Übersetzung aus dem Lateinischen.
23. Wetter, Mary Ward in Her Own Words, 107-8.

zu klären als verschieden von der, die von ihren Feinden manipuliert wurde, aber sie konnte die Macht der vatikanischen Bürokratie nicht verstehen. Unglücklicherweise gab es in der Denkweise der Glaubenskongregation keinen Unterschied zwischen ihren eigenen Absichten und Gottes noch stellten sie den Wahrheitsgehalt der Berichte in Frage, die sie erhielten. Mary Ward erklärte dem Papst, dass ‚sie nicht durch menschliche Anregung zu dieser Lebensweise gekommen war, sondern durch das Wort dessen, der weder täuschen noch getäuscht werden kann.' Dennoch fügte sie hinzu, dass sie davon ablassen würde, wenn der Papst es befehlen würde. Sie betete dass Gott ‚Eure Heiligkeit zu dem inspirieren wolle, was in dieser Hinsicht mehr zu seiner größeren Ehre sei.'[24] Einen solchen Auftrag von Gott zu beanspruchen und darauf hinzuweisen, dass der Papst in dieser Angelegenheit aufmerksam auf Gottes Willen hören musste mag anmaßend erschienen sein. 1630, als sie gehört hatte, dass einige Nuntien verschiedenen Gemeinschaften mit Unterdrückung gedroht hatten, ermahnte sie ihre Schwestern, sich nicht von denen ängstigen zu lassen, die aus Bosheit sprachen:

> ‚Der Befehl zur Unterdrückung ist von einem alten Feind des Institutes geschrieben worden. Der Befehl kam ohne Wissen seiner Heiligkeit. Keiner der Kardinäle der Kongregation wusste davon, außer dem einen gerade erwähnten, der der einzige Urheber und Befürworter dieser Weisung ist.'[25]

Sie war sich nach den letzten Treffen sicher, dass jemand sie davon unterrichtet hätte, wenn diese Entscheidung offiziell gewesen wäre. In kirchlichen Kreisen war das Naivität. Kein Wunder, dass ihre Anhängerinnen ein Bild malten, in dem Birette, päpstliche Tiaren und bischöfliche Mitren beiseite geworfen sind und

> ‚Gott sie wissen lässt, dass der Fortschritt des Instituts nicht von Reichtum, Würde oder der Gunst von Prinzen abhängt, sondern davon, dass all seine Mitglieder einen freien und offenen Zugang zu Gott haben, von dem alle Kraft, Licht und Schutz kommt.'[26]

---

24. Peters, 564, aus ihrer Denkschrift an Urban im November 1630.
25. Peters, 524-5.
26. Das Gemalte Leben, Nr 38.

Nach zwanzig Jahren des Bittens, des Verhandelns, des Vorlebens, was möglich war, wurde ihr Institut verdammt und ihr Lebenswerk scheinbar beendet. Die römische Inquisition inhaftierte Mary und Winifred Wigmore als Häretikerinnen, eine in München und die andere in Lüttich. Die päpstliche Bulle von 1631, die schließlich veröffentlicht wurde, war heftig und verletzend. Unter Androhung der Exkommunikation wurde den Gefährtinnen verboten, zusammen zu leben, sich über geistliche Dinge zu beraten oder sich in irgendeiner Weise als Ordensfrauen zu betrachten. Urban VIII., der auch Galilei verurteilte, unterzeichnete ein Dokument, in dem es hieß:

> ,Wir haben verfügt   dass solch ein giftiges Gewächs im Garten Gottes mit Stumpf und Stiel ausgerottet werden muss, damit es sich nicht weiter verbreitet . . . Wir unterdrücken sie und löschen sie ganz und gar aus, unterwerfen sie der andauernden Aufhebung und beseitigen sie völlig von der Heiligen Kirche Gottes. Wir zerstören sie und heben sie auf und wir wünschen und befehlen, dass alle Christgläubigen sie als unterdrückt, erloschen, ausgerissen, zerstört und aufgehoben ansehen und dafür halten.'[27]

Häuser in Ländern, die wir heute Belgien, Deutschland, Ungarn, Italien, Österreich nennen, wurden geschlossen. Der Orden wurde aufgelöst und vielleicht hundert Frauen wurden inmitten eines Krieges in die Armut hinausgetrieben. Die örtlichen Kirchenoberen forderten ihre Häuser zurück, sogar die, die mit der Mitgift der Mitglieder gekauft worden waren. Einigen Frauen wurde erlaubt, in München zusammen zu bleiben. Dennoch konnte Mary ehrlich sagen: ,Ich hatte kein anderes Ziel oder Interesse im Sinn, als mein Bemühen ganz und gar auf den besseren Dienst für die Heiligen Kirche und den apostolischen Stuhl hinzulenken, und es ihm zu widmen.'[28]

Wenn man Marys familiären Hintergrund kennt, kann man den Schmerz hinter ihren Worten hören, als sie den Papst nach ihrer Entlassung aus dem Gefängnis traf: 'Heiliger Vater, ich bin keine Häretikerin und bin nie eine gewesen.'[29] Mary war durch die Exerzitien des Hl. Ignatius geformt worden, der das ,Fühlen mit der Kirche' eindringlich befür-

---

27. Wright, Mary Ward's Institute, 190-93 (der komplette Text der Unterdrückungsbulle).
28. Orchard, Till God Will, 112.
29. Wetter, 172.

wortet. Sie betete stundenlang für die, die in der Verantwortung standen und tat was sie konnte, um deren Ansichten zu verändern, aber nie würde sie sich ihnen öffentlich entgegen stellen. Ihr ergreifender Appell an Papst Urban VIII zeigt ihre Kombination von Loyalität und Realismus über die Kirchenpolitik, als Spione der Inquisition ihr Haus bewachten:

,Heiliger Vater, was bleibt noch, womit die arme Mary Ward von ihrer Treue und ihrer Loyalität zu Eurer Heiligkeit und zur katholischen Kirche Zeugnis geben kann als damit, dass mein Leben, meine Ehre und meine Freiheit in die Hände von Männern gegeben werden muss, die nur zu leicht bestochen und korrumpiert werden können?'[30]

Marys Glaube, dass es Gottes Werk war

Ihr Glaube, dass dieses Unternehmen das Werk Gottes war, unterstützte Mary als ihr alles, für das sie gearbeitet hatte, weggenommen wurde. Sie wies immer wieder darauf hin, dass Gott ihr diese Sendung anvertraut hatte.

Von Ihm hatte sie die Erkenntnis und die Liebe zu diesem Stand erhalten und Gott hatte sie in Liebe aufgefordert, dieses Institut zu gründen und viele Schicksalsschläge zu ertragen.[31]

Sie war überzeugt, dass das Ergebnis schließlich von Gott abhing. Sie konnte ihren Teil tun, aber es war Gottes Werk. Selbst 1629 konnte sie noch schreiben:

,Arbeitet mit großer Gelassenheit, Freude und Großmut des Herzens, denn was in einem Jahr nicht getan werden konnte, kann im nächsten getan werden. Wir müssen auf Gottes Zeit und Muße warten, denn wir müssen Gott folgen, nicht ihm vorausgehen.'[32]

Sie kannte die Realität von Trostlosigkeit. In einer früheren Quelle schreibt sie:

---

30. Wetter, 181.
31. Peters, 564.
32. The Mind and Maxims of Mary Ward (London: Burns and Oates, 1959), 36.

‚Es ist höchst gefährlich, wenn wir in Zeiten von Verwirrung glauben, dass Gott uns verlassen hat, so dass wir uns
von ihm isolieren und uns zurückziehen wollen. In solchen
Zeiten wäre es besser für uns, Gott zu suchen und zu ihm zu
rufen.'[33]

Mary beharrte auf ihrer Vision angesichts einer eskalierenden Opposition von der Kirche und des Machtmissbrauchs. Dennoch griff sie nie auf
solche Taktiken zurück. Eine ihrer Gefährtinnen, Mary Poyntz, schrieb:

‚Wenn sie verletzt wurde, bemühte sie sich besonders darum,
in sich vollkommene Vergebung zu wecken, fundiert und
herzlich, nicht nur formell und mit Worten; dann für sie
(ihre Feinde) zu beten und Gelegenheiten zu suchen, ihnen
zu Diensten zu sein und das mit Wirksamkeit, aber nicht
ohne Klugheit, da sie die Auswirkungen ihrer Anfeindungen und ihrer Bosheit kannte und zu vermeiden suchte, wie
sie auch unterschied, was in ihnen gut war und was schlecht
war'[34]

Die Verfolgung war für sie schwer zu ertragen. Es muss eine Kreuzeserfahrung gewesen sein: fest davon überzeugt zu sein, dass Gott etwas
wollte, was sie ausführen konnte und ansehen zu müssen, wie ihre eigene
Kirche sich weigerte, das zu akzeptieren. In ihren Gebetsaufzeichnungen
1628 schreibt sie:

‚Ich hatte eine klare Aussicht auf vieles was gut war, das behindert und verzögert wurde oder vielleicht vollkommen
und für immer verloren ging, mit der größten Undankbarkeit Gott gegenüber, der es durch seine unermessliche
Liebe befohlen hatte. Das ist ein unendlicher Verlust sowohl
für den der es tut, als auch für den Empfänger.'[35]

---

33. Wetter, 217.
34. ‚A Brief Relation' geschrieben von Mary Poyntz und Winifred Wigmore bald nach
Marys Tod; kürzlich veröffentlicht mit der ursprünglichen englischen Rechtschreibung in *Mary Ward und ihre Gründung*, Band 48.
35. Peters, 481.

Während sich das Zitat auf persönliche und allgemeine Undankbarkeit bezieht, enthält es auch Untertöne darüber, was sie auf dem Spiel stehen sah, als das Werk beendet wurde, zu dem Gott sie gerufen hatte. Sie überließ den Ausgang jedoch Gott. Wie sie einem Kardinal schrieb: ‚Alles muss dem Abgrund des unerforschlichen Gerichts Gottes überlassen werden.'[36] Sie sprach über ihre ‚lange Einsamkeit' und das Feuer, durch das ihr Vertrauen auf Gott geläutert wurde. Ihr Gebet und ihr Glaube, dass dieses Werk Gottes Wille war, festigte sie in diesen Jahren. ‚Diene Gott, Mutter, mit großer Liebe und Freiheit des Geistes. Unsere Schmerzen hier können nur kurz sein, unsere Mühe leicht, unsere Belohnung danach groß, ja sehr groß und ohne Ende.'[37] Wiederholt drängte Mary ihre Gefährtinnen durch Wort und Beispiel, ihr Leben auf freudiges Vertrauen in Gott zu gründen: ‚Seid fröhlich und zweifelt nicht an unserem Herrn.'[38]

Diese Ermahnung lud nicht zur Passivität ein. Wie wir gesehen haben, verband Mary Ward Vertrauen auf Gott mit unermüdlichem Handeln. Dennoch konnte sie die wachsende Spannung fühlen. Sie war häufig krank. Sie hatte die Sorge um einzelne Häuser, die in den Diözesen geschlossen wurden. Außerdem hatte die Gemeinschaft kein Geld. Im Januar 1631 wurde Mary Ward selbst gefangen genommen als ‚Häretikerin, Schismatikerin und Rebellin gegen die Heilige Kirche.'[39] Wenn man ihre Liebe zur Kirche bedenkt, muss das ein heftiger Schmerz für sie gewesen sein. Eine Gefährtin die bei ihr war, als sie gefangen genommen wurde, schrieb:

> ‚Unsere Mutter bat um Erlaubnis, sich von ihren Schwestern verabschieden zu dürfen, aber diese wurde verweigert. Wieder bat sie darum, ihre Seele Gott anvertrauen zu dürfen, bevor sie gehen musste. Das wurde ihr erlaubt, aber nur für den Zeitraum eines Vater Unsers und eines Ave Marias, im gleichen Raum, in dem sie sich aufhielt.'[40]

In einer kleinen, dunklen und stinkenden Gefängniszelle über dem Ort, wo sie ihre Toten begruben, mit Fenstern die mit Brettern verschalt waren und verriegelten Türen mussten Mary und die Schwester, die sie

---

36. Wetter, 149.
37. Orchard, 91.
38. Orchard, 106.
39. Peters, 569.
40. Orchard, 104.

begleitete, leben. An diesem Ort, wo jemand mit Tuberkulose oder etwas ähnlichem, ‚sich die Lunge aus dem Leib gehustet hatte', gab es keine Rückzugsmöglichkeiten. ‚Manchmal frieren wir schrecklich, manchmal werden wir gebraten und wir tun alles, was wir tun müssen.'[41] Dennoch nennt sie dies ihren ‚Palast'.[42] Eine Wache an der Tür stellte sicher, dass die Gefährtinnen in München sie nicht besuchen oder mit ihr in Kontakt treten konnten. Sie hatten jedoch die englischen Gefängnisse nicht umsonst überlebt! Während der zweimonatigen Haft, schmuggelten sie und ihre Schwestern mit dem Einwickelpapier des Essens Briefe hinein und hinaus, die mit Zitronensaft, gleichsam unsichtbarer Tinte geschrieben waren. In ihren Briefen drängt sie zu Vergebung, Vorsicht und politischer Klugheit in der Unterscheidung, wem sie vertrauen konnten und wem nicht. Sie entwarf einen Brief an den Papst. Es war wahrscheinlich, dass sie zu weiteren Verhandlungen vor der Inquisition nach Rom geschickt werden würde, aber sie könnte auch in München vor Gericht gestellt und verurteilt werden. Mary hatte sich anscheinend mit dem abgefunden, was passieren würde. Ihr war klar, dass man sie in Deutschland mit weniger Öffentlichkeit töten könnte.

> ‚aber hier oder dort, wenn Gott will, dass ich sterbe, dann möchte ich nicht leben; es heißt nur, die Pacht etwas früher zu zahlen—für Gott zu leben und zu leiden oder für ihn zu sterben und zu ihm zu gehen sind beides einzigartige Gnaden und solche, die ich nicht verdiene; und ich vertraue darauf, dass eine von beiden mein glückliches Los sein wird.'[43]

Ihre Schwestern in München schrieben den Kardinälen des Heiligen Offiziums, dass Mary Ward ohne Gerichtsverhandlung im Gefängnis war. Ihr Brief weist darauf hin, dass sie immer noch nichts von der Unterdrückung des gesamten Instituts gehört hatten. Die eigentliche Unterdrückungsbulle wurde erst am 10. Mai 1631 veröffentlicht, so dass es nicht überrascht, dass die Gefährtinnen nicht sicher waren, auf wessen Befehl die örtlichen Schließungen und Gefangennahmen stattgefunden hatten.[44]

Marys Nierensteine quälten sie und das Fieber flammte auf. Der Tod schien unmittelbar bevorzustehen. Der Empfang der Sakramente wurde

---

41. Peters, 571.
42. Orchard, 105.
43. Wetter, 158.
44. Peters, 580.

ihr verweigert, wenn sie nicht ein Dokument unterschrieb, das suggerierte, dass sie eine Häretikerin gewesen sein könnte. Sie weigerte sich, aber wie wir zuvor sahen, schrieb sie ihre eigene Erklärung der Loyalität. Ihre Gefährtinnen durften sich von ihr verabschieden:

> ‚Sie bat uns, Mut zu fassen und Gott zu vertrauen, der sie nicht sterben lassen würde, wenn es nicht zu seiner Ehre war, und sie bat uns, sicher zu sein, dass wir—egal ob sie leben oder sterben würde—keine Bitterkeit gegen die hegen, die hier gehandelt hatten, sondern ihnen völlig vergeben und herzlich für sie beten sollten.'[45]

Irgendwie blieb ihre Hoffnung fest und sie sah all das als etwas was ‚unser Herr und die Liebe zu unserem Besten zulässt.'[46] Sie erholte sich, zur Überraschung des Arztes, der von der Herzogin von Bayern geschickt worden war, und aller Schwestern im Angerkloster, wo das Gefängnis war. Sie waren anscheinend von der Furcht vor der Häretikerin in ihrer Mitte zur Bewunderung für diese Frau gekommen.[47]

Ihre Haltung denen gegenüber, die ihr Werk zerstört hatten, ist überraschend: sie greift sie nicht an, nicht einmal in ihren privaten Briefen. ‚Ich wende mich täglich ernsthaft an Gott, in meiner armseligen Weise, dass er all unseren Gegnern völlig vergibt und ihnen Einsicht schenkt, ohne sie weiter zu strafen.'[48] Und, ‚lasst uns Gott tun lassen, was Er will, was, wie ich ihn anflehe, mit viel Milde gegenüber unseren Gegnern sei.'[49]

Die Kardinäle der Inquisition entschieden über Marys Freilassung am 13. April, aber sie beorderten sie nach Rom. Sie stellten strenge Bedingungen für ihre Reise. Mary schrieb und erklärte dem Papst, dass sie zu krank und armselig war, um sich daran zu halten. So wurden die Bedingungen gelockert, um ihr mehr Zeit zu geben. Sie kehrte nach Rom zurück. Im April 1632 muss sie von der Inquisition von der Anklage der Häresie freigesprochen worden sein, weil diese erklärte ‚die englischen Fräulein sind keiner Verfehlung gegen den heiligen und rechten katholischen

---

45. Aus ‚A Briefe Relation', die Biografie von ihren ersten Gefährtinnen, zitiert in Chambers, Band 2, 372.
46. Chambers, 373.
47. Chambers, 373.
48. Wetter, 159.
49. Wetter, 160.

Glauben schuldig befunden worden—und sie waren es nie.'[50] Papst Urban bestätigte seine Überzeugung, dass Mary der Häresie unschuldig war[51], aber der Unterdrückungsbefehl blieb in Kraft.

Mary wurde erlaubt, die verbliebenen Mitglieder ihrer Gruppe um sich zu versammeln. Sie waren keine Ordensfrauen, aber mit Erlaubnis des Papstes erwarben sie schließlich ein Haus in Rom in der Nähe von Santa Maria Maggiore. In dieser Kirche erneuerten sie ihre privaten Gelübde der Hingabe an den Dienst für Gott. Die päpstliche Speisekammer versorgte sie zwischen 1633 und 1637 mit Nahrung und Wein. Das größere Netzwerk bestand auch weiter: Mary Poyntz in München erhielt Briefe und erhielt die Gruppe aufrecht, die sich um sie gesammelt hatte, und Winifred Wigmore wurde schließlich aus dem Gefängnis in Lüttich entlassen. Mary jedoch durfte sich nicht frei bewegen. 1637, nach vier Jahren ständiger Überwachung, erhielten sie und ihre Gefährtinnen die Erlaubnis wegen ihrer Gesundheit nach England zurück zu reisen. Aus den mageren Berichten, die überliefert sind, ist klar, dass sie auf dieser Reise ernsthaft krank war. Kein Wunder, dass sie etwa um 1635 an Winifred Bedingfield schrieb: ,halbe Frauen taugen nicht für diese Zeiten.'[52]

1639 in England arbeiteten sie still als eine Gruppe von Frauen ohne Ordensgelübde, um den Glauben zu fördern. Kardinal Barberini hatte Empfehlungsbriefe an Königin Henrietta in London geschrieben. Mary zog nach Norden, als der Bürgerkrieg ausbrach. Inmitten von Belagerung versicherte sie ihren Gefährtinnen, ,Ich bin sicher, Gott wird mir und den Meinen helfen, wo immer wir sind.'[53] Sie ermunterte ihre Gefährtinnen, die an ihrem Bett trauerten, als sie im Sterben lag und sagte: ,Oh, pfui, pfui! Was seht ihr so traurig aus! Kommt, lasst uns lieber singen und Gott freudig preisen für all seine liebende Güte!'[54] Mary starb 1645 in Yorkshire. Mary Poyntz schrieb an all die Gefährtinnen, die nicht an ihrem Bett waren und erzählt:

> ,Nachdem sie uns mit großem Nachdruck empfohlen hatte, Gottes Berufung in uns zu leben, und dass sie konstant, wirksam und liebevoll sei in allem, das zu dem Allgemeinen und dem Besonderen davon gehört, sagte sie: Gott wird

50. Orchard, 115.
51. Peters, 587-89.
52. Wetter, 183, in einem Brief an Winifred Bedingfield, 1635.
53. Chambers, volume 2, 490.
54. Chambers, 496.

euch beistehen und euch helfen, es geht nicht darum wer
(es tut), sondern dass es (getan wird); und wenn Gott es mir
ermöglicht, am Ort zu sein, werde ich euch dienen.'[55]

Ihre Gefährtinnen fanden einen Priester der Kirche von England, der
,ehrlich genug war, sich bestechen zu lassen', [56] deshalb konnten sie Mary,
eine Katholikin, auf einem protestantischen Friedhof beerdigen. Ihr
Grabstein, den man noch in der anglikanischen Kirche in Osbaldwick in
der Nähe von York besichtigen kann, fasst ihr Leben zusammen:

> Die Armen zu lieben
> In dem Gleichen zu verharren
> Mit ihnen zu leben, zu sterben und aufzuerstehen
> War das ganze Ziel von
> Mary Ward die
> Nachdem sie 60 Jahre und 8 Tage gelebt hatte
> am 30. Januar 1645 starb

Die Weisheit, die Mary Ward uns zeigt

- Sie betete, vertiefte damit ihre Beziehung zum Vater der Väter und
  Freund aller Freunde, überprüfte ihre Erkenntnisse und behielt sowohl ihren inneren Frieden als auch ihre gute Stimmung.
- Sie hielt sich immer an die Wahrheit, schreibend, appellierend, ar-
  gumentierend, beim Versuch Einfluss zu gewinnen. Sie respektierte
  die Obrigkeit genügend, um ihnen beständig andere Möglichkeiten
  vorzulegen.
- Sie handelte immer ihrer Wahrheit gemäß, gründete Schulen unter
  den Augen ihrer härtesten Kritiker und schickte ihre Mitschwestern
  nach England, um dort in neuen Sendungen zu arbeiten. Selbst 1628
  konnte sie sagen: ,Tut euer Bestes mit eurem gewöhnlichen Fleiß und
  Gott wird helfen.'[57]
- Dennoch blieb sie loyal. Sie tat alles, was in ihrer Macht stand, um die
  Unterdrückung abzuwenden, aber dann akzeptierte sie das Wort des
  Papstes und vertraute darauf, dass Gott die Verwirklichung ihrer Vision zu seiner Zeit ermöglichen würde.

---

55. Chambers, 499.
56. Er muss auch mutig genug gewesen sein, eine Katholikin dort beerdigen zu lassen.
57. Chambers, volume 2, 255.

- Sie vergab und weigerte sich, ihre Feinde zu verteufeln, dennoch arbeitete sie daran, Lügen zu bekämpfen, wo immer sie es konnte.
- Sie überließ das Ergebnis Gott. Sie glaubte wirklich, dass die Gemeinschaft Gottes Werk war. Schließlich, als sie getan hatte, was sie konnte, war es Gottes Sache, es zur Erfüllung zu bringen. Ihr Ego stand nicht im Weg. Sie konnte loslassen, ihre Hoffnung richtete sich auf Gott.
- Sie sammelte eine Gruppe wunderbarer Frauen um sich, deren Freundschaft sie sehr schätzte und auf deren Unterstützung sie vertrauen konnte. Ihretwegen lebt ihre Vision bis heute fort.
- Sie ließ nicht zu, dass ihr Leben durch Misserfolg vernichtet wurde, sondern betete um Vertrauen, dass Gott in jeder veränderten Wirklichkeit weiterhin am Werk war.
- Sie erlaubte ihrer Frustration über einige Entscheidungen der Kirchenführung nicht, sie von der tieferen Realität der Kirche zu entfremden, die als Gemeinschaft darum rang, das Evangelium zu leben.
- Sie sprach mit den Kirchenoberen direkt über Mitteilungen, die sie und andere der Kirche entfremdeten.

Marys Antwort ruft uns zu einer ähnlich loyalen Wahrhaftigkeit, wenn wir in der Kirche heute leben und arbeiten. Für uns ist es vielleicht leichter uns auf ‚blinde Loyalität' oder heftige Opposition zu versteifen, mit wenig Platz für gegenseitigen Respekt. Mary würde die Sünde, die wir Sexismus nennen, erkennen, alles was die volle Humanität von Frauen vermindert, verleugnet oder verfälscht, und sie als etwas benennen, was in unserer Kirche immer noch am Werk ist. Sie würde jedoch diejenigen, die den Einsatz der Frauen bekämpfen, nicht verteufeln. Sie würde argumentieren und sich darum bemühen, zu zeigen, dass neues Leben entstehen könnte, wenn die Kirche neue Möglichkeiten riskieren würde, insbesondere, wenn sie die Gaben der Frauen nutzen würden. Aber sie würde daran arbeiten, die Veränderung von innen voranzutreiben. Sie würde vorschlagen, dass wir als Frauen und Männer eng zusammenarbeiten, um neue Wege zu suchen und das Evangelium in unserer Zeit zu verkünden. Sie würde uns ermutigen, die Gaben die wir in unserer Kirche haben, völlig auszuschöpfen: Eucharistie, Spiritualität, Gemeinschaft. Am tiefsten ruft sie uns jedoch auf, darauf zu vertrauen, dass das, was wir nicht ändern können, in Gottes Hand liegt. Wir sollten so gut arbeiten, wie wir können, aber schließlich ist es die Sache Gottes. In der Kirche und Gesellschaft von heute ist das eine hilfreiche Erinnerung.

Wenn wir die anderen Mauern anschauen, vor denen wir stehen, trifft all das, was Mary anbietet, immer noch zu: die Zuflucht zum Gebet, Abstand vom Ego, die Zukunft in Gottes Hand geben und doch so gut wie möglich arbeiten. Das gleiche gilt für ihr Beispiel der Vergebung, die nie leicht ist. Mary empfiehlt uns die Bedeutung von Gefährtinnen, mit denen wir lachen, weinen, nach Ideen suchen, handeln und beten können. Gegenseitige Unterstützung ermutigt uns, aufzustehen und neu zu beginnen und Gottes Liebe versichert uns, dass wir nicht allein sind.

Kapitel Sechs
Der Wille Gottes

Betet, dass ich eines Willens mit Gott bin und dann wird,
was immer passiert, höchst willkommen sein.[1]

Mary Ward, 1627

Die Idee vom ,Willen Gottes' ist in unserem modernen oder postmodernen
Denken nicht bequem. Wir sind uns nicht sicher, wie man überhaupt
erkennt, was Gott will oder ob es Gott gibt oder wer er ist. Wir befassen
uns mit persönlicher Unabhängigkeit und Erfüllung und sind uns
bewusst, dass dieser Gedanke vielfach missbraucht wurde um in einigen
Situationen Kontrolle auszuüben und in anderen die Verantwortung nicht
auf sich nehmen zu müssen.

Leichtfertiger Trost—,es muss der Wille Gottes sein'—kann Trauer in
einer persönlichen Tragödie abwerten. Was für eine Art Gott würde das
wollen? Besonders Frauen haben unter Lehren gelitten, die behaupteten,
dass Gottes Wille von ihnen verlangte, eine missbräuchliche Ehe aufrecht
zu erhalten oder Praktiken in der Kirche nötig machten, die ihre Gaben
ausschlossen. Auf einer politischen Ebene hat eine Einstellung, die
ungerechte Strukturen blind als den ,Willen Gottes' akzeptiert, viele
Menschen von so einem Gott entfremdet. Eine andere Haltung hat die
Existenz einer Art ewigen Blaupause, eines ewigen Plans angenommen,
,Gottes Wille', den man anerkennen kann, weil es die am wenigsten
erfreuliche von verfügbaren Alternativen ist. Irgend einen anderen Weg
zu gehen würde bedeuten, dass das eigene Leben notwendigerweise
zweitklassig wäre.

Andererseits können viele Menschen auf einen Verwandten oder eine
Freundin verweisen, die enorme Trauer oder ein großes Trauma über-

---

1. M Immolata Wetter: Mary Ward in her own Words (Rome: IMBV Casa Generalizia,
   1999),121.

lebt hat, gestärkt von einem Gefühl, dass dieses Leid irgendwie Teil eines größeren Ganzen war, einem Gefühl, dass Gott in ihrem Leid bei ihnen war. Andere haben ein Leben der Verwandlung gelebt und sich für die Gerechtigkeit engagiert weil sie irgendwie fühlten, dass Gott dies von ihnen wollte. Die Suche nach Gottes Willen hat es Menschen ermöglicht, in innere Tiefen vorzudringen und damit Kreativität und Liebe freizusetzen. Riskieren wir, in einer Zeit, in der der Ausdruck ‚Wille Gottes' selten gebraucht wird und man wenig über den Gedanken spricht, eine reiche Quelle der Inspiration in schweren Zeiten zu verlieren?

Wenn man sein Leben danach ausrichten will, Gottes Willen zu folgen, ist es enorm wichtig, wer Gott ist. Wenn Gott ein tyrannischer Herrscher, oder ein legalistischer Richter oder eine ferne unpersönliche Macht ist, dann wird ‚Gottes Wille' zu einer zerstörerischen Kontrolle und je weniger man ihn dann kennt, desto besser. Der einzige Gott, dem man sich mit Offenheit und Vertrauen zuwenden kann, ist ein Gott, der uns in Liebe ruft. Wenn wir jedoch nicht in der Lage sind, die Freude und die Trauer unseres Lebens auf diesen Gott zu beziehen, kann auch ein positives Verständnis dieses Gottes ein entferntes Verständnis bleiben.

In einem Buch das kürzlich erschienen ist, God after Darwin, (Gott nach Darwin) weist John Haught darauf hin, dass der einzige sinnvolle Gott ein Gott ist, der die Zukunft ist, der uns aus den Verwicklungen unserer sich verändernden Lebensumstände in neue Lebensmöglichkeiten ruft. In diesem Szenario bedeutet ‚der Wille Gottes' Gottes Traum für uns, der sich zu einer immer intensiveren Ausgestaltung von Schönheit entfaltet. Im Hinblick auf den Kosmos schreibt Haught, ‚Statt Gott einen festen ‚Plan' für das Universum zuzuschreiben, zieht es die evolutionäre Theologie vor, sich Gottes ‚Vision' dafür vorzustellen. Nach Darwin ist die Natur ‚nicht ein Entwurf sondern ein Versprechen'. Ein Entwurf schließt eine vielfältige Zukunft aus, während eine Vision es der Schönheit ermöglicht, sich zu entfalten. ‚Auf Gottes Wort zu hören bedeutet immer, unser Leben zu öffnen in der Hoffnung auf unkalkulierbare zukünftige Folgen.'[2]

‚Freunde Gottes und Propheten', die vor uns gelebt haben, können uns helfen mit neuen Augen auf unsere eigenen Annahmen zu schauen, was Gottes Willen ausmacht. Mary Wards Welt von 1585-1645 war eine Epoche, die ganz anders als unsere war. Sie kämpfte darum, die Kirchenoberen davon zu überzeugen, dass Frauen ‚wenn Männer uns

---

2.   John F Haught, God after Darwin: A Theology of Evolution (Oxford: Westview Press 2000), 190.

nicht glauben machen würden, dass wir nichts tun können' den Menschen helfen könnten, in ihrer Beziehung zu Gott zu wachsen.[3] ‚Der Wille Gottes' war entscheidend auf ihrem spirituellen Weg. Sie vertraute darauf, dass Gott eine unkalkulierbare Zukunft aus dem gegenwärtigen Chaos hervorbringen würde. Für diejenigen, deren Weg der Jüngerschaft von der Vertrautheit mit Marys Geschichte gefärbt wurde, ist dieses Konzept des ‚Willens Gottes' entscheidend.[4] Sie betete und tat Buße, suchte danach zu verstehen, was Gott von ihr wollte. Wenn man ihre Geschichte liest, werden jedoch die verfeinernden Qualitäten von Gottes Willen sichtbar. Die Mary Ward der letzten Jahre ging aus einer Feuerprobe hervor. Sie wurde wer sie war—mit dieser inneren Schönheit—weil sie ihr eigenes Leben und Gott sehr ernst nahm. Ihr Ausdruck dafür war: ‚den Willen Gottes suchen und tun'. Wenn wir versuchen, Vorstellungen die ihr Leben formten weg zu erklären oder zu verklären, entkernen wir ihre Geschichte von Leidenschaft und Bestimmung.

Prägende Einflüsse

Wie wir schon gesehen haben, formten die Geistlichen Übungen des Hl. Ignatius Mary Wards Spiritualität. Von klein auf lebte sie in Häusern, die verfolgten Jesuiten Zuflucht gaben. Deren Methode stellte die Geistlichen Übungen in den Mittelpunkt, die so angelegt waren, einer Person zu helfen ‚Gottes Willen zu finden im Hinblick darauf, sein Leben zur Verfügung zu stellen und seine Seele zu retten'.[5] Die Übungen zur Unterscheidung in der Mitte der Exerzitien stimmen einen Menschen auf Gott ein, damit er auf den Ruf Christi aufmerksam wird. Damit soll er, wenn es angebracht ist, bereit sein ausgesandt zu werden ‚in die ganze Welt um Gottes heilige Lehre unter Menschen jeglichen Standes und jeder Stellung zu verkünden'.[6] In der Mitte dieses Prozesses steht eine sich vertiefende Beziehung zu Gott, die in Vertrauen und Offenheit Gott gegenüber ihren Höhepunkt findet.

---

3. Vgl Gillian Orchard (ed), Till God Will: Mary Ward through her Writings (London: Darton, Langman and Todd, 1985), oder jede andere Biografie.
4. Hunderte von Lehrern auf jedem Kontinent arbeiten in Schulen, die von Mary Wards Anhängerinnen gegründet wurden, die selbst überall auf dem Globus zu finden sind.
5. Michael Ivens, SJ, Understanding the Spiritual Exercises (Herefordshire: Gracewing: 1998), 1 [1] The references are to his translation with paragraph numbers of the Exercises.
6. Ivens, 110 [145].

Was bedeutet jedoch dieser ‚göttliche Wille'? Von den Eröffnungsbetrachtungen an entsprechen die geistlichen Übungen dem Vater Unser, indem sie eine Haltung der radikalen Zentriertheit auf Gott ausdrücken, eine Sehnsucht, dass Gott einfach Gott sei und seine Absichten verwirklicht werden mögen. Gott wird gepriesen, nicht nur durch förmliche Anbetung, sondern wenn wir so leben, dass in unseren Herzen und in unserem Verhalten Gott als Gott anerkannt wird und sein Wille in allen Dingen getan wird.[7]

Die Exerzitien erkennen Gott als die zentrale Realität. Sein Platz—‚sein' ist das Pronomen, das in dieser Epoche gebraucht wird, wie es noch in den meisten Kirchengebeten und Erklärungen der Fall ist—war an der Spitze der Hierarchie, die die akzeptierten Prismen formten, durch die jede Erkenntnis des Lebens und der lebenden Wesen überprüft wurde. Die Exerzitien enthalten Reflexionen über das eigene Leben, Meditationen über die grundlegenden Lehren des Christentums und Betrachtung der Evangelien. Sie setzen auch voraus, dass Selbstbeherrschung die Bereitschaft fördert, auf Gott zu hören und ihm zu antworten. Wenn Gott ‚das Eine Notwendige' ist, dann ist die Selbstdisziplin es wert, so kultiviert zu werden, dass sie nicht nur dem Überflüssigen widersteht, sondern auch legitime Forderungen im Licht eines höheren Gutes aufgibt.

Eine zweite Prägung, die Mary half, Gott in den Mittelpunkt zu stellen, war die ständig Gegenwart derjenigen, die für ihren Glauben gestorben waren. Ein Priester, der ihrer Familie in ihrer Kindheit zu Diensten war, war der geistliche Führer von Margaret Clitheroe gewesen, einer Frau aus Yorkshire, die zwei Jahre nach Marys Geburt das Martyrium erlitt. Ein lebendiger Glaube, dass das Leben nach dem Tod Wirklichkeit und ewig war, begünstigte die Bereitschaft, sogar das eigene Leben für Gott hinzugeben. Damit wurden neue Prioritäten aufgestellt. Priester aus Familien, die sie kannte, starben lieber, als dass sie ihren katholischen Glauben verleugneten. Sie waren die Helden und Vorbilder derer, die darum kämpften, Rom treu zu bleiben. Kein Wunder, dass sie sagt: ‚ich hatte in jenen Jahren den brennenden Wunsch, eine Märtyrerin zu sein Aber es gefiel Gott vorläufig die Heftigkeit dieses Verlangens zu mäßigen'[8] Mary erkannte, dass Gott von ihr nicht das Martyrium wollte, aber sie meinte es sehr ernst mit ihrer Bereitschaft, alles zu riskieren.

7.　Ivens, 29.
8.　Orchard (ed), Till God Will, 11.

War diese Spiritualität gesund?

Gottes Willen zu suchen statt den eigenen mag den Anschein erwecken, einen ungesunden Verlust der eigenen Person zu riskieren. Die Exerzitien jedoch stellen einen Gott der Liebe in den Mittelpunkt, der uns zum Leben ruft, nicht zum Tod. Die Entscheidung zur Liebe statt zur Furcht wird in zwei frühen Entscheidungen deutlich, die Mary traf. Als sie etwa zwölf war und begann, ihr geistliches Leben ernst zu nehmen, war sie geneigt, in der Ausführung besonderer Frömmigkeitsübungen übereifrig zu sein. Sie bemerkte, dass das ihren inneren Frieden störte. Sie erkannte, dass die Praktiken, die ihr Sorgen machten

> ‚keine waren, die ich tun musste sondern die ich aus Frömmigkeit tat; und Gott freut sich nicht über gewisse Übungen, die so unter Zwang getan werden. Um meiner eigenen Ruhe willen, will ich deshalb diese Dinge mit Liebe und Freiheit tun, oder sie lassen.'[9]

Diese Fähigkeit zu erkennen, was dem Herzen Frieden gibt, ist ein Schlüsselelement, wenn man den Willen Gottes erkennen will. Es geht nicht um Anstrengung, sondern darum eine innere ‚Stimmigkeit' der Taten mit seinem tiefsten Glauben zu erkennen. Ein Gott der Liebe kann nicht wollen, dass wir in Angst und Furcht leben. Das zweite Mal kam sie zu dieser Erkenntnis, als sie Anfang zwanzig war und ihr geistlicher Führer sie dazu drängte, über die Hölle zu meditieren. Sie bemerkte, dass für manche Menschen, sie selbst eingeschlossen, Angst keine gute Ermutigung zu einem Leben der Tugend war: ‚das überzeugendste Motiv, die Sünde zu lassen, ist für mich, dass Er, den ich liebe, sie verbietet.'[10]

Bearbeitungen der Exerzitien verwenden oft mehr Zeit auf die ersten Meditationen über die Sünde als über die späteren über die Gnade Gottes, die im täglichen Leben aktiv ist und es verwandelt. Marys Gebetsnotizen deuten an, dass das Bewusstsein von Sünde, das in ihrer Zeit sehr im Mittelpunkt stand, sie stärker belastete, als wir es heute für gesund halten würden. Sie war extrem empfindsam ihren Mängeln gegenüber und beichtete häufig. Ihre Exerzitiennotizen zeigen jedoch, dass sie immer das Gefühl hatte, mit Liebe willkommen geheißen zu werden, wenn

---

9. Mary Ward's autobiography in Gillian Orchard, Till God Will, 10-11.
10. Exerzitienaufzeichnungen, 1616, zitiert in A Soul Wholly God's (Calcutta: Don Bosco Graphic Arts, no date), 3.

sie sich in der Beichte an Gott wandte. ‚Durch diesen Blick wurde ich glücklich gemacht.'[11] Ihre kritische Einschätzung ihrer selbst scheint von einem Gefühl der Ehrfurcht darüber herzurühren, was Gott schon in ihr bewirkt hatte. Sie erkannte, dass Gott umso mehr erreichen konnte, je rückhaltloser sie ihm antwortete. Weil sie davon überzeugt war, dass Gott sie liebte, stärkte diese Empfindsamkeit für ihre Fehler sie und zerstörte sie nicht. Zudem wurde ihr Gefühl für die Wichtigkeit ihres Lebens und ihrer Verantwortung, es in Freiheit und Gnade zu leben, gestärkt. Ihr Leben weist darauf hin, dass der Gedanke an die Sünde nicht notwendigerweise eine Last zerstörerischer Schuld mit sich trägt, wenn er von einem Gefühl von Gottes Liebe und Gnade im Gleichgewicht gehalten wird.

Marys Gebetsnotizen zeigen beständig eine tiefe Sehnsucht, dass Gott zunehmen und sie selbst abnehmen möge. Sie wusste, wie leicht es wäre, auf Köpfchen, Schönheit und eine gewinnende Ausstrahlung zu setzen, um ihr Ziel zu erreichen und möglicherweise dabei ihrer eigenen Ehre ein Denkmal zu bauen, statt dass sie sich als Gottes Werkzeug nutzen ließ. Andere, die ihre Führung suchten, umgaben sie, so dass die Beichte ein Ort war, an dem sie ihr ständiges Bedürfnis nach Gottes Hilfe in diesem Unternehmen eingestehen konnte. Ihre Lauterkeit wuchs mit ihrer Bereitschaft ihrer innersten Überzeugung treu zu bleiben, statt Bestätigung und Lob von bedeutenden Menschen zu suchen. Doch ihre Freiheit wuchs mit ihrem Gespür, dass dies nicht ihr Projekt war sondern Gottes. Während ihre Theologie der ‚Beichte' nicht die gleiche ist wie unsere, waren Versöhnung und Vergebung den Feinden gegenüber, die dieses Sakrament unserer Meinung nach fördert, in ihrem Leben herausragend. Das weist darauf hin, dass es wichtig ist, eine Form wieder zu finden, in der dieses Sakrament sich mit dem Leben der Menschen von heute verbindet.

Ihren Weg entdecken

Die Geistlichen Übungen betonen die sündhaften Tendenzen zu Stolz und Eigenwillen und die Bedeutung von Selbstverleugnung und Gehorsam. Neueste Studien weisen darauf hin, dass eine Spiritualität die Selbstverleugnung betont, besonders problematisch für Frauen ist, da sie kulturelle Vorstellungen von Unwürdigkeit und Minderwertigkeit

---

11. M Immolata Wetter, Seventh Letter of Instruction, 20 (unpublished).

verstärkt.[12] Etwas in Mary Wards Erziehung, wahrscheinlich starke Frauen wie ihre Großmutter und Grace Babthorpe[13], muss sie in die Lage versetzt haben, zu glauben, dass Frauen keine minderwertigen Wesen waren, denn sie bringt es fertig, sich selbst zu verleugnen, ohne ihr Selbstgefühl zu verlieren. Marys Selbstwertgefühl ist schon in jungen Jahren klar. Ihre Entscheidung sich im Alter von dreizehn Jahren gegen etwas zu stellen, was der Wunsch ihres Vaters zu sein schien,[14] ihr anhaltender Widerstand gegen ihre Familie und klerikalen Druck gegen eine Heirat zwischen fünfzehn und einundzwanzig[15], erlangen besondere Bedeutung, wenn man die gehorsame Haltung bedenkt, die von jungen Frauen dieser Zeit erwartet wurde. Angesichts ihrer Liebe und Bewunderung für ihre Eltern muss diese Entschlossenheit ihre Familie bestürzt haben. Mary hatte geistliche Begleiter, die nicht auf ihre tiefste Sehnsucht hörten, sondern von anderen Absichten geleitet wurden. Pater Holtby, der Jesuit, der ihr geistlicher Führer war, bevor sie England verließ, sagte unerbittlich, dass sie heiraten solle, um eine starke katholische Verbindung zu festigen, statt ihrer klaren Anziehung zum Ordensberuf zu folgen. Der Jesuit, den sie in St. Omer traf, benutzte sie um ein anderes Bedürfnis in der Stadt zu erfüllen; er sagte ihr sehr bestimmt, dass sie bei den Armen Klarissinnen als Laienschwester eintreten solle.[16] Sie gehorchte ihm, weil er behauptete, dass das Gottes Wille für sie war. Sie bemerkte einen starken Widerwillen in sich, das zu tun, schrieb es aber einem Mangel an Demut von ihrer Seite zu.[17]

In dieser Zeit sah sie klarer im Hinblick auf die Motive anderer und ihre Ehrlichkeit oder deren Mangel. Ihr wurde jedoch klar, dass Gott sogar durch negative Erfahrungen wirken konnte.[18] Sie hatte nicht den Eindruck, dass Gottes Willen eine Art Blaupause war, in der er ihr ganzes Leben plante. Als sie die Armen Klarissinnen ein zweites Mal verließ, hatte sie niemand, der sie unterstützte. Ihre Erfahrungen lockten sie bald zur nächsten Stufe ihres Lebens, einer Zukunft, die sich langsam abzeichnete.

---

12. Diese Diskussion wurde initiiert von Valerie Saiving in ,The Human situation: A Feminine View', Journal of Religion 40 (1960): 100-12.
13. Beide verbrachten Jahre im Gefängnis und führten Haushalte, die dafür bekannt waren, dass der Glaube praktiziert wurde.
14. Orchard, Till God Will, 8.
15. Orchard, 12-13.
16. Orchard, 15-17.
17. Orchard, 15.
18. Orchard, 20-21.

In den Jahren von 1609-1611 machte Mary drei mystische Erfahrungen, die ihren Weg neu ausrichteten. Sie verstand die Botschaften klar und deutlich, die sie von diesen offensichtlich intensiven spirituellen Erfahrungen empfing: im Mai 1609 die englischen Armen Klarissinnen zu verlassen; Ende 1609 etwas anderes zur Ehre Gottes zu tun; und dann 1611 ,das Gleiche der Gesellschaft zu nehmen'. In dieser dritten Erfahrung war sie überzeugt, dass Gott sie anwies, einen Frauenorden gleich der Gesellschaft Jesu zu formen. Mit ihrer Bereitschaft, darauf zu vertrauen, dass diese Einsicht von Gott kam, nahm sie es mit dem gesamten katholischen Establishment auf. Als sie jedoch erkannte, dass die Weise der Jesuiten ihre ,Weise des Vorangehens' war, war ihre Erleichterung so groß, dass alle Mühen, die vor ihr lagen, erträglich schienen; durch sie wurde der Traum Gottes Realität.

Nach 1609 schloss sich Mary eine kleine aber ständig wachsende Gruppe von Frauen an. In ihrem Bemühen, die junge Gesellschaft zu formen, hatte Mary es mit ihrem Beichtvater, dem Bischof, den Jesuiten und schließlich der Kurie und dem Papst zu tun. Nachdem ihr Beichtvater, der Jesuit P. Roger Lee von ihrer Erfahrung von 1611 gehört hatte, wurde er von seinen Oberen genötigt, ihre Vision von einer neuen Lebensweise in eine viel schwächere Form abzumildern, ohne Ähnlichkeit zur jesuitischen Lebensweise.[19] Mary hatte gelobt, ihm zu gehorchen und das Gemalte Leben erklärt, dass sie fürchtete, ihre persönliche Zuneigung zu ihm könnte sie daran hindern, Gottes Willen auszuführen.[20] Ihre Exerzitienvorsätze zeigen, dass sie darum kämpfte, seine Führung anzunehmen, die ihre Überzeugung, dass das Institut ,das Gleiche der Gesellschaft' sein sollte, zurückwies.[21] Sie stand in der Spannung zwischen ihrer Entschlossenheit, ihrer Treue zu den Erkenntnissen, die sie im Gebet gewonnen hatte, und dem was der Gehorsam von ihr verlangte. In der Zeit zwischen 1611 und 1615 scheint ihre Antwort passiver Widerstand statt frontaler Konfrontation gewesen zu sein. Peters zeigt auf, dass sie in dieser Zeit viel in England war, vielleicht weil sie sah, dass sie nicht mehr tun konnte, weil P Lee seine Version dem Bischof und anderen Stellen präsentierte.[22]

---

19. Prominente Theologen wurden konsultiert, um festzustellen, ob der Plan kanonisch fehlerfrei war. Sie gaben widersprüchliche Anworten! Henriette Peters, Mary Ward: A World in Contemplation, übersetzt von Helen Butterworth (Hereforshire: Gracewing, 1994), 144-57.

20 Das Gemalte Leben, 23.

21. Peters, 134-35.

22. Peters, 120-88.

In einem Brief an P Lee beschreibt Mary eine weitere mystische Erfahrung ihrer Exerzitien von 1615.[23] Sie schreibt in Unsicherheit, wie er es aufnehmen wird, weil sie offensichtlich an ihrem Standpunkt festhält. Sie möchte, dass er sie versteht, aber sie befürchtet, dass er es als echte Gotteserfahrung zurückweisen wird. Man hört Echos der Hauptargumente gegen ihren Plan: Frauen sind nicht fähig, die jesuitische Lebensweise zu leben weil sie nicht genügend theologische und allgemeine Bildung besitzen.

Mary sprach klar aus, dass Frauen die Freiheit haben, alles auf Gott zu beziehen. Wenn sie mit Lauterkeit, Gerechtigkeit und Wahrhaftigkeit vor Gott leben, wird Gott ihnen die Weisheit geben, die sie brauchen. Sie bemerkte auch, dass Männer das gegenteilige Problem haben könnten, wenn sie sich zu sehr auf ihre Bildung verlassen, ein Fehler, vor dem Frauen geschützt sind. Diese Erfahrung ist für Mary eine entscheidende Bestätigung, dass sie auf dem richtigen Weg ist. Die Eigenschaften Freiheit, Gerechtigkeit, Lauterkeit und Wahrhaftigkeit kommen in zukünftigen Schriften immer wieder vor, zusammen mit ihrer Überzeugung, dass wir nur einen kleinen Schritt tun müssen, damit Gott den Rest tut.

Auf dem Weg in den Mahlstrom

P. Lees Antwort ist uns nicht überliefert, da er bald danach starb. Nach seinem Tod vertraute Mary ihre Erkenntnisse einem neuen geistlichen Begleiter an, obwohl es keinen Hinweis darauf gibt, dass sie ihm Gehorsam gelobte. Gleichzeitig übernahm ihr Gehorsam gegenüber der inneren Führung des Heiligen Geistes immer mehr die Initiative. Sie ließ das Noviziat aus St. Omer wegziehen, wo der Bischof ein Freund war, aber das Institut in eine ‚akzeptable‘ Form umwandeln wollte. In verschiedenen Diözesen gründete sie Häuser, die unter ihrer Leitung blieben—eine gänzlich unbekannte Vorgehensweise für eine Gruppe von Frauen. Sie schrieb den Antrag auf päpstliche Anerkennung neu, so dass die Zeilen ‚so zu erscheinen wie wir sind, und so zu sein wie wir erscheinen‘ nicht frisiert wurden. Dann, 1621, reiste sie selbst nach Rom, um ihren Plan vorzulegen. Trotz all dieser Aktivitäten zeigt sie in ihren Aufzeichnungen aus Lüttich um 1619 eine innere Zartheit:

---

23. Orchard 39-42.

Wie Gott in meiner Seele arbeitet:
Gott freut sich über den geringen Fleiß,
durch den er selbst mich zum Beginn bewegte,
dass alles Gute von ihm kommt,
dass es notwendig ist, dass mein Wille den Seinen erkennt
und tut, um das Gute,
das er in meiner Seele gefertigt hat zur Vollkommenheit zu
bringen,
dass ich mich anstrengen muss oder nicht gewinnen (kann),
aber auch nicht gewinne, durch meine Mühe,
dass ich nicht in irgendetwas bleibe, was von dieser Welt ist,
und dass die Dinge dieser Welt keinen Anteil an mir haben.[24]

1620 war das Vertrauen einiger Mitglieder der Gemeinschaft geschwun-
den; man überredete sie dazu, statt dieser neuen Sache lieber die Sicherheit zu suchen. Die Armut einiger Häuser war verheerend, ebenso wie
die Einmischungen von außen, besonders in Lüttich. Dort unterstützen
einige Jesuiten die Schwestern, die Marys Erkenntnis, wie das Institut sich
entwickeln sollte, herausforderten. Nach 1621 begannen neue Häuser mit
kleinen Schulen in Rom und Neapel und einige Jahre später in München
und darüber hinaus. Das belastete und überlastete die bisherige Form der
Leitung. In den späten 1620ern, als sie neue Gründungen eröffnete, scheint
Mary auf einer Ebene eine umgetriebene Frau zu sein. ‚Es ist schmerzlich,
daran zu denken, wie wenige Jahre uns verbleiben, in denen wir arbeiten
(können) und noch schmerzlicher ‚(zu sehen), wie viel in dieser kurzen
Zeit zu tun ist und wie wenige da sind, um es zu tun.'[25] Im Gebet jedoch
erkennt sie, dass das Streben nicht das Problem ist: Gott wird zulassen
und hervorbringen, was Gott will, zu Gottes eigener Zeit:

‚Arbeitet mit großer Gelassenheit, Freude und Großmut
des Herzens, denn was in einem Jahr nicht getan wurde,
kann im nächsten getan werden. Wir müssen Gottes Zeit
und Muße dienen, denn wir müssen Gott folgen, nicht ihm
vorausgehen.'[26]

---

24. M Immolata Wetter, Mary Ward in her Own Words (Rome: IBMV Casa Generalizia,
1999), 80.
25. Wetter, 121.
26. The Mind and Maxims of Mary Ward, edited by the Institute of the Blessed Virgin

Die Exerzitienaufzeichnungen, die wir haben, sind keine Vorsätze mehr,
die besagen, was sie tun will. Sie sind vielmehr ein Gebet, dass Gott tun
wird, was auch immer Gott will. Persönliche Erfahrung stützt diese Worte:

> ,Gottes Wille kann leicht erkannt werden in den Wider-
> sprüchen und Sorgen, die jede in sich findet. Sie kann sich
> selbst überzeugen, dass Gott sie zu unserem Nutzen ge-
> schickt oder zugelassen hat; denn es gibt keinen Zweifel,
> dass Gott in allen Ereignissen unseren Vorteil und unseren
> Fortschritt wünscht.'[27]

In der Zeit von 1621-1631 weist Mary wiederholt auf die Quelle ihrer
Überzeugung hin, dass diese Lebensweise für Frauen möglich war. Ihr
Ursprung lag im Gebet und die Bestätigung dafür war durch die Ergebnisse sowohl in England als auch in Europa gekommen. Sie versuchte, dies
den Kardinälen, dem Papst und verschiedenen Obrigkeiten in verschiedenen Städten zu erklären. In dem folgenden Kampf hatten die Gegner
alle Macht. Sie waren Männer, Kleriker und Bischöfe mit Zugang zu den
Netzwerken und Korridoren der Macht. Sie kamen von der Hausmacht,
die die Gesetze aufgestellt hatte; sie interpretierten sie auch und setzten
sie durch.

Mary und ihre Gefährtinnen andrerseits waren arm; sie konnten sich
die Verwirklichung ihrer Hoffnungen nicht erkaufen. Sie waren Frauen,
als unfähig zurückgewiesen, obwohl sie das Gegenteil bewiesen. Sie hatten
kein Ansehen, nicht einmal das Recht, sich Ordensfrauen zu nennen. Sie
verstanden das kirchliche System nicht. Sie kamen aus einem Land ohne
Bischöfe und verstanden die Komplikationen der Kirchenpolitik nicht.
Sie waren gefangen in dem Kreuzfeuer und dem Machtkampf zwischen
Weltklerus und den Jesuiten. Sie hatten zu tun mit Hofintrigen und einem
System, dass unfähig war, offen mit einer bloßen Frau zu verhandeln,
einer Ausländerin, die keine Verbindung zu den großen Familien des
Kirchenstaates hatte.

1631 schließlich wurde das junge Institut verdammt und unterdrückt
und Mary und Winifred Wigmore wurden inhaftiert. Mary war seit
Jahren sicher gewesen, dass die Kardinäle, die vom Papst eingesetzt
waren, ihre Sache zu untersuchen, ,das Schlimmste tun wollen, was sie

---

Mary (London Burns and Oates 1959), 36.
27. Wetter, 221.

können, aber nicht mehr tun können, als Gott zulassen wird.'[28] Irgendwie schaffte sie es, das Wissen, dass Gott zulassen könnte, dass ihr und ihren Gefährtinnen dies passiert, mit einem Gefühl auszugleichen, dass Gott einen langfristigen ‚Traum' habe. Hier erscheinen ihr Vertrauen in die Zukunft und ihre Hoffnung sehr stark. Sehr früh war sie davon überzeugt, dass die Frauen, die sich auf diesen Weg machen durch ihren freien Zugang zu Gott aufrecht gehalten würden, solange sie weiterhin die Wahrheit liebten und die Gerechtigkeit suchten. Dies gab ihr die Zuversicht, dass ihre Hoffnung sich schließlich erfüllen würde. Selbst aus dem Gefängnis schreibt sie:

> ‚Unser Herr und Meister ist auch unser Vater und gibt uns nicht mehr zu tragen, als einer Dame zukommt und was sehr leicht ist."[29] Und: ‚Wir wollen beten und das Beste hoffen und uns nicht von dem beunruhigen lassen, was wir nicht ändern können, sondern auf Gott vertrauen.'[30]

Dieses Vertrauen auf Gott trägt sie durch die nächsten 15 schmerzvollen Jahre. Ihre Gesundheit war zerstört, ihr Werk geschlossen. Trotzdem machte sie weiterhin kleine Anfänge: wo möglich versammelte sie ihre Mitschwestern; sie begann mit einer kleinen Schule in England; und schließlich auf ihrem Sterbebett drängte sie die, die bei ihr waren, mit ihrer Lebensweise fortzufahren. ‚Gott wird euch beistehen und helfen, durch wen ist nicht wichtig.'[31]

Das Gemalte Leben zeigt uns, dass sie 1626 eine mystische Erfahrung hatte, in der sie gefragt wurde, ob sie den Kelch trinken könne, aus dem Jesus trank. Jesus nachzufolgen erfordert die Bereitschaft, nach Gethsemane zu gehen. In den geistlichen Übungen betet der Exerzitant um einen Anteil an der radikalen Selbstvergessenheit, um die Jesus betete. Jesus ging für uns diesen Weg, deshalb sollen seine Anhänger bereit sein, ‚das Leiden zu teilen, das untrennbar verbunden ist mit seinem eigenen Konflikt zwischen der Gegnerschaft der Welt und dem Reich Gottes.'[32] Gemeinschaft mit Jesus, der für uns litt und starb, hielt Mary und den Rest ihres Freundeskreises aufrecht.

---

28. Wetter, 109.
29. Wetter, 155.
30. Wetter, 160.
31. Peters, 610-11.
32. Ivens, 153.

Wer war der Gott, der wie Mary glaubte, solche Dinge zulassen konnte? Mary stellte sich sehr gegen jede Verbitterung über das, was Gott zugelassen hatte.[33] Umgekehrt war sie dagegen, Ereignisse im Leben dem Zufall zuzuschreiben:

> ‚Ich bin davon überzeugt, dass es für eine geistliche Person eines der größten Hindernisse für den Geist ist, zu glauben dass alles, was uns passiert dem Zufall überlassen ist, und keinen Gewinn daraus zu ziehen, dass alles was uns zustößt, aus der Hand Gottes kommt.‘[34]

Einige Male verbindet sie Gott mit Freundschaft, die eine gegenseitige Beziehung ist. Wenn sie von Gott spricht, tut sie das oft in der Verknüpfung mit den Worten Liebe und Freiheit. Selbst wenn sie sich ihrer eigenen Sünden bewusst ist, wendet sie sich an Gott und erkennt sofort die Liebe Gottes. Das trinitarische Fundament, das von Ignatius kommt, begründet ihr Gebet, obwohl sie es nicht ausdrücklich benennt. Ihre Ausdrucksweise ist in vielen Gebeten ziemlich überraschend: ‚Vater der Väter und Freund aller Freunde‘ (wörtlich: Elternteil der Elternteile)—eine Sprache, die überraschenderweise beide Geschlechter einschließt. Ein Gebet zeigt, dass sie Gott als die Quelle der Eigenschaften ansah, zu der sie ihre Gefährtinnen anhielt: sie sollen Gottes Ebenbild werden:

> ‚O alles sehender Gott, der du die Wahrheit liebst und die Gerechtigkeit tust,
> O Wahrheit selbst, bewahre sie vor Irrtum,
> mache ihr Urteil gerecht und vollende ihr Wissen.‘[35]

Sie war überzeugt, dass selbst die schwersten Ereignisse, wenn sie mit Liebe und Vertrauen angenommen werden, uns tiefer in Gottes Liebe eindringen lassen und so bewirken können, dass wir durch sie ganz und gar Gott angehören.

---

33. Sie sagt zu einer Gefährtin, die herausplatzt: ‚Ich könnte es Gott fast übel nehmen,‘ ‚Wenn Du so dächtest, wäre es unmöglich, dich zu lieben, und hüte dich davor, solche Gedanken in deinen Sinn kommen zu lassen.‘ Wetter, 151.
34. Wetter, 47.
35. Gebetsaufzeichnungen, St. Omer 1617; The Mind and Maxims of Mary Ward, 13.

Innere und äußere Autoritäten

Ein Muster charakterisiert Marys Beschäftigung mit dem Willen Gottes. Sie erhielt eine innere Klarheit darüber, was Gott von ihr wollte, aber sie erkannte auch die Gefahr, Gottes Willen so zu formen, dass er ihrem entsprach. Sie erkannte die Wichtigkeit legitimer (spiritueller) Begleiter an, dennoch kannte sie ihre Verantwortung, dem treu zu bleiben, wozu Gott sie rief. Ihr ganzes Leben hindurch, hielt sie diese feine Balance zwischen aufmerksamem Gehorsam Gott gegenüber, der von den Obrigkeiten als sture Verweigerung gegenüber ihren Alternativen angesehen wurde, und Gehorsam gegenüber eben diesen Obrigkeiten. Sie konnte das tun, weil sie darauf vertraute, dass Gott—da er ihr diese Obrigkeiten gegeben hatte ,bewirken würde, was er wollte, wenn sie nur treu blieb. Dieser Glaube war möglich wegen ihres theologischen Standpunktes: Gott kann nicht gegen sich selbst handeln, also wird es passieren, wenn Gott es will. Sie handelte in einer Weise, die ihre Integrität bewahrte und überließ es Gott, es irgendwie zu einer Stimmigkeit zu bringen. ,Ich hoffe das Beste und was kommt ist gut und das Beste, denn das, was er will kann nicht irren.'[36]

Der Gehorsam, den Mary zeigte, und zu dem sie ihre Gefährtinnen anhielt, ist für uns heute schwer zu akzeptieren. In unserer Zeit widerstehen wir jeder Autorität, die nicht authentisch ist. Welcher Wert liegt in solchem Gehorsam? Mary schreibt 1624 an Winifred, ,Ich schätze deinen völligen Verzicht und die volle Abhängigkeit vom Willen Gottes und den Oberen weit mehr, als wenn du die Gnade hättest, Wunder zu wirken, dafür aber das nicht hättest.'[37] Ein Teil ihrer Überzeugung kam wahrscheinlich aus ihrer Erfahrung aus England: sie kannte die Zerstörung, die auf die protestantische Zurückweisung der päpstlichen Autorität gefolgt war.

Außerdem hatte Mary guten Grund anzuerkennen, dass die Erkenntnisse, die nach Meinung der Menschen von Gott kamen, eine Überprüfung brauchten. Ihre Onkel hatten nicht behauptet, dass ihr geplantes Bombenattentat auf das Parlament von Gott inspiriert war, aber sie glaubten, dass ihr Handeln moralisch und gerecht war und handelten gegen den Rat ihrer jesuitischen Beichtväter.[38] Ihre Tat führte zu wachsenden Leiden für alle Katholiken in England. Im vorhergehenden

---

36. Wetter, 100.
37. Wetter, 99.
38. Antonia Fraser, The Gunpowder Plot: Terror and Faith in 1605 (London: Weidenfeld and Nicolson, 1996), 131.

Jahrhundert waren viele Menschen, die angegeben hatten, mystische Erfahrungen gemacht zu haben, von der Inquisition verdammt worden, weil solche Ansprüche sie über die offizielle Obrigkeit setzten—keine weise Vorgehensweise. Ignatius selbst hatte sich verdächtig gemacht, weil seine Exerzitien die persönliche religiöse Erfahrung der Menschen respektierte. Was auch immer ihre Gründe waren, Mary betrachtete Gehorsam als den einen sicheren Weg, um Selbsttäuschung zu vermeiden: ,wir wissen aus eigener Erfahrung, dass Gottes Wille alles einschließt, was der schuldige Gehorsam von uns verlangt; das ist sicher der Wille Gottes, davon sind wir überzeugt.'[39] Das größere Gut war die Einheit von und die Loyalität zur Kirche Christi, wie sie sich in der legitimen Obrigkeit zeigte. Für sie wäre kein anderer Standpunkt möglich gewesen.

Schlussfolgerungen für uns

Was kann diese Untersuchung von Mary Wards Offenheit für Gottes Willen uns sagen?

Ein Sinn für den Willen Gottes hebt die Berufung in jeder von uns. Was könnten wir erreichen, wenn wir alle, als Getaufte, zu glauben wagten, dass Gott uns durch unsere tiefste Sehnsucht dazu beruft, zur Umgestaltung der Welt beizutragen? Eine Zeit lang beschlagnahmten diejenigen, die sich zu einem Leben unter den Gelübden in einen Orden oder zum Priestertum gerufen fühlten, das Wort ,Berufung'. Das sind Berufungen, aber nicht die einzigen. Damit das Wort Sinn erhält, müssen wir glauben, dass wir es wert sind von Gott berufen zu werden. Gott hat wirklich einen Traum für jede und jeden, einen Traum, dass wir als schöpferische Personen wachsen, die ganz und gar lebendig sind. Das ist ein enormes Treuebekenntnis zu uns. Marys Leben weist darauf hin, dass der Glaube an ,Gottes Wille' uns für die Wechselfälle des Lebens stärken und uns Weisheit und Frieden schenken kann, wenn wir uns davon verabschieden, dass der einzige Weg zum Glück durch einen Rosengarten ohne Dornen führt. Wenn wir an diesem Gedanken an Gott als Zukunft festhalten, der uns in die Fülle des Lebens zieht, aber unsere Mitarbeit braucht, um diese Zukunft zu gestalten, kann unser Leben eine tiefere Bedeutung gewinnen.

Dieses Verständnis vom Willen Gottes setzt voraus, dass wir unser Leben ernst nehmen. Um zu entdecken, wohin Gott uns führt, jeden Tag

---

39. Wetter, 221.

und in jeder Situation, müssen wir bereit sein, auf die inneren Bewegungen unseres Herzens zu hören und einen Sinn für die Werte haben, mit denen wir unser Leben formen. Marys Leben zeigt, dass das Hören auf den Willen Gottes Selbstdisziplin benötigt. Wir mögen das heute anders ausdrücken, aber wenn ein Wettkampf Ausdauer braucht, müssen wir Kondition haben wie jeder Sportler. Konkret bedeutet das, sich Zeit zu nehmen, um unsere Hoffnungen, Enttäuschungen, Schmerzen und Freuden zu reflektieren und darauf zu hören, was sie uns über uns selbst lehren. Es bedeutet auch, ehrlich zu sein hinsichtlich unserer Blockaden, unserer Fehler, der Weise, wie wir uns von anderen abschließen. Vielleicht zeigt in unserer westlichen ‚verwöhn dich, du bist es dir wert!' Welt, die Rückkehr zur Idee des Fastens unsere Tendenz auf, oberflächlichen Bedürfnisse zu befriedigen.

Unsere Medien bewerben einen Egoismus, die ein Hindernis zur Selbstlosigkeit ist, einen Lebensstil, der auf Konsumhaltung und der Ausbeutung anderer beruht. Besessen zu sein von Sündenvorstellungen ist kontraproduktiv. Dass aber die Erwähnung von Sünde zum Tabu wird, ist keine Alternative. Indem wir jeden Hinweis auf Sünde und Sündhaftigkeit vermeiden, können wir das Gefühl von Verantwortung untergraben — auf der persönlichen und auf der gemeinsamen Ebene—das Teil einer ehrlichen Selbsterkenntnis ist. Wenn wir nicht einen gewissen Sinn dafür entwickeln, dass unser Leben andere verwunden kann, sich unser Herz verhärten und wir uns vor Dingen verschließen können, wie können wir dann die Möglichkeit ernst nehmen, dass wir uns auch verändern, heilen und weiterhin wachsen können?

Wenn wir Gottes Willen suchen wollen, müssen wir Gott erlauben, uns näher zu kommen. Wer ist Gott für mich? Welche Anstrengungen machen wir, um dysfunktionale, kindische Vorstellungen von Gott als Weihnachtsmann oder engherzigen Tyrannen zu beseitigen? Haben wir je gefragt, wie unser wissenschaftliches Verständnis von der Evolution und der Artenvielfalt unser Verständnis von Gott bereichern kann? So viele Möglichkeiten stehen uns zur Verfügung, durch Exerzitien, die heilige Schrift und Gebetstexte, Theologiekurse, gemeinsame Aktionen für Gerechtigkeit und spirituelle Gruppen, und durch die Gemeinschaft, die durch die Sakramente genährt wird.

Theologen heute decken das christliche Erbe von Gott auf, der als Gemeinschaft verstanden wird, als Beziehung gegenseitiger Liebe, von verschiedenen aber gleichberechtigten Personen in einer Gemeinschaft von Liebe in die hinein wir gerufen sind und in der wir Gegenseitigkeit erfahren in dem Netz der lebendigen und unbelebten Schöpfung. Gott ist immer größer als wir je wissen können, aber wir können zunehmend aufmerksam werden für die Zeichen von Gottes Dasein in uns, gegenwärtig in Ereignissen, Menschen und Situationen um uns herum. In der säkularen westlichen Welt können wir nur im Wissen und der Liebe Gottes wachsen, wenn wir etwas Mühe aufwenden. Jede Sehnsucht, Gott besser kennen zu lernen, ist ein Geschenk. Wenn wir uns tiefer auf dieses Geschenk einlassen, entdecken wir den Gott der Freundschaft, der Gemeinschaft, der Liebe, der uns in den verwandelnden Kreis von Gegenseitigkeit, Beziehung, Gleichheit und Unterschied ruft, den wir Dreifaltigkeit nennen, der die Mitte der christlichen Botschaft ist. Wie Mary könnten wir entdecken, dass Gottes Wille für uns Gottes Traum von einer Zukunft ist, die wir uns nicht vorstellen können.

Wenn wir anerkennen, dass Gott aus Chaos Ordnung schaffen kann, und sogar durch eine Kirche wirken kann, die versucht ist, Transzendenz durch Dogma zu ersetzen und Mitgefühl durch Macht, dann können wir vielleicht die Hoffnung lebendig halten und mit kleinen Lebenszeichen wirken. Es ist ein großer Ruf, aber einer auf den Mary Ward antworten konnte.

Schlussbemerkung

Mary Wards Bereitschaft Gottes Willen zu suchen scheint ihre Selbsterkenntnis, Reife und Verantwortung erhöht zu haben, statt sie zu begrenzen. Die Ideen, die sie mit Gottes Willen verknüpfte, waren Freiheit und Lauterkeit. Ihre Geschichte zwingt uns, die gängigen Vorstellungen von Selbstverwirklichung heute zu überprüfen. Mary beschloss ihr Leben, ohne die Fanfare äußeren Erfolges, ohne Anerkennung für ihren Mut oder ihre prophetische Vision. Dennoch überraschten ihre Gelassenheit, Vergebungsbereitschaft ihren Feinden gegenüber, Loyalität und Freundschaft ihre Zeitgenossinnen und fordern uns heute heraus. Die Unterdrückung ihres Ordens durch die Inquisition machte sie nicht bitter, führte nicht zu Selbstmitleid oder Selbstzweifeln. Sie behielt ihre Gelassenheit bis zum Ende und konnte andere zur Hoffnung ermutigen und dazu, angesichts anscheinend unmöglicher Aussichten weiterzumachen. Niemand kann behaupten, dass ihr Festhalten am Willen Gottes sie zu einer geringeren Persönlichkeit machte. Sie stellte sich dem scheinbaren Verlust von allem und konnte trotzdem glauben, dass Gottes Willen Leben bringt und nicht Tod, trotz des äußeren Scheins.

Mary hatte einen starken Sinn dafür, dass Gott ein Freund war, einer, der ihr Herz festhielt, einer der nie mehr von ihr verlangte, als einer Dame zukam: ‚O Herr, wie freigebig du bist und wie reich sind die, denen du deine Freundschaft gewährst.'[40] Dennoch mag sie vielleicht mit trockenem Humor gelächelt haben über Theresa von Avilas scharfe Antwort an Gott: ‚Wenn du deine Freunde so behandelst, ist es kein Wunder, dass Du so wenige hast!' Liebe und Freundschaft stellen keine Forderungen. Sie rufen uns, die Hand auszustrecken und nicht passiv den guten Willen des anderen zu akzeptieren oder ihn auszunutzen. Können wir eine Möglichkeit finden, die Liebe Gottes so darzustellen, dass sie Gott nicht auf einen ‚bequemen Lehnstuhl' reduziert? Vielleicht kann ein tieferes Verständnis von Gottes Willen, als Traum vom Freund aller Freunde, der uns in eine Zukunft voll Hoffnung lockt, uns dazu rufen, unser bestes Selbst zu leben, und so einen Beitrag zu unserer Welt zu leisten.

So ein Verständnis könnte unser Leben verwandeln! Wenn Gott uns ruft, dann kennt Gott uns, gibt uns Begabungen: Wir sind einzigartig und geschätzt. Diese Vorstellung drängt uns, gut auf unsere eigene Erfahrung zu achten und darauf zu vertrauen, dass das komplexe Gewebe unseres Lebens eine Bedeutung hat. Wenn wir in der Liebe verharren, so gut wir können, trotz unserer Begrenzungen und Fehler, geht Gott mit uns in unserer derzeitigen Situation und lockt uns schöpferisch zu einer Zukunft jenseits unserer Vorstellungen.

Mary Wards Loyalität bleibt eine Herausforderung für uns. Wir sind uns der Gefahren von Zentralisierung und Patriarchat bewusst, können aber auch auf das hören, was der Geist uns sagt und zugleich ‚fühlen mit' der Kirche.

---

40. Wetter, 40.

Teil Drei:

Theologie

Kapitel Sieben
Die Wahrheit verstehen

Liebt die Wahrheit und tut die Gerechtigkeit[1]

Mary Ward, 1617

Aufrichtigkeit, Lauterkeit, Ehrlichkeit: diese Worte kreisen um Aspekte von Wahrheit, formulieren sie um und legen sie erneut vor: Wahrheit, die früher oft Wahrhaftigkeit genannt wurde, nach dem Lateinischen ,veritas'. Tag für Tag verbreiten unsere Nachrichten Geschichten von Lügen, Betrug und Korruption, von Taten, die all dem widersprechen, wofür Nationen öffentlich eintreten und worauf private Beziehungen bauen. Es wird Zeit, dieses Bündel von Werten zu überdenken, zu fragen, warum sie so wichtig sind. Das Leben Mary Wards ist ein Prisma aus einer früheren Zeit, das ein Beharren auf dieser Tugend zeigt, die angesichts der Erwartungen der Kirche oder der Gesellschaft nicht aufgab. Wenn wir unsere heutige Erfahrung von der Zerbrechlichkeit von Wahrheit in unserer Welt betrachten und dann Mary Wards Beharren auf Wahrheit als entscheidender Tugend für Frauen ihrer Zeit, dann kristallisieren sich einige Folgerungen für unsere Zeit heraus.

Wahrheit—wesentlich für Gemeinschaft

Nach dem 2. Weltkrieg mühten sich die Vereinten Nationen, einige gemeinsame menschliche Werte durchzusetzen, die sie als Rechte verkündeten. Der Holocaust und die Atombombe hatten gezeigt, dass wir keine allgemeine Akzeptanz irgendwelcher Werte voraussetzen konnten. Früher hatten die zehn Gebote in der westlichen Gesellschaft Gewicht, aber

---

1. Aus Aufzeichnungen von 1617, zitiert in M Immolate Wetter, Sixth Letter of Instruction (unpublished), 13.

die Wirtschaftsmacht und eine Technologie, die in noch nie dagewesenen Millionen töten konnte, schoben sie zur Seite. Seitdem haben Menschen sich bemüht, ‚Rechtsansprüchen' eine Basis zu geben, die nicht kulturell festgelegt ist. Diese Untersuchung stellt die Frage: was bedeutet es, ein Mensch zu sein? In den letzten Jahren wurden die Menschenrechte, die Jahrhunderte hindurch festgeklopft und von den Vereinten Nationen formuliert wurden, ignoriert, wenn mächtige Nationen sich bedroht fühlten. Die christliche Tradition stellt den Wert und die angeborene Würde des Menschen in eine andauernde und schöpferische Spannung mit dem Gemeinwohl—von der kleinsten Familie bis zum verflochtenen Leben das den Kosmos bildet. Wenn wir anschauen, welche Rolle Kommunikation für den Ausdruck unserer Identität und im Aufbau von Beziehungen spielt sowohl auf der persönlichen als auch auf der gesellschaftlichen Ebene wird klar, dass Wahrhaftigkeit sowohl den Respekt vor Rechten als auch die Qualität von Gemeinschaft untermauert.

Ohne die Verwicklungen philosophischer Argumente zu verfolgen, scheint die Annahme, dass die Menschen die Wahrheit suchen, die Wahrheit sagen und die Wahrheit erwarten naiv zu sein, jedenfalls in einer Gesellschaft, die darauf ausgerichtet ist, Tatsachen zu verdrehen, fotografische Aufnahmen zu manipulieren und in der Politik die Unschuld so zu beteuern, dass sie nicht einmal die Gutgläubigsten überzeugt. Unehrlichkeit scheint das eine Gebiet zu sein, wo die ‚Sickertheorie' tatsächlich funktioniert! Durch alle Gesellschaftsschichten hindurch übernehmen Menschen bereitwillig, was den Führern annehmbar erscheint, egal ob sie aus dem Sport, der Finanzwelt oder der Politik kommen. Die Werte der Gesellschaft neigen dazu, persönliche Beziehungen zu ‚besiedeln' und Werte wie Mitleid und Treue zu untergraben. Jede, die schon mal zu einer Kassiererin gesagt hat, ‚Ich glaube Sie haben mir zu viel Wechselgeld gegeben', hat möglicherweise diesen Blick gespürt, der eine Mischung aus Herablassung und Überraschung ausdrückte. Das Reservoir der Ehrlichkeit scheint auf den Schlamm reduziert zu sein, der nach einer langen Trockenperiode zurückbleibt. Ein trübes Rinnsal hat das klare Wasser ersetzt, das man früher als anerkanntes Ideal der breiten Masse der Gesellschaft erwartet hätte, selbst wenn die Praxis hinter ihm zurückblieb.

Wir haben Verhaltensweisen gesehen, die die Welt schockiert haben: Sadismus und Missbrauch durch Menschen, die von Freunden als normalerweise gute Menschen beschrieben werden. Das deutet darauf hin, dass die Menschen nicht mehr glauben, dass ihr Handeln Auswirkungen auf ihre Persönlichkeit hat. Sie können auf einem Gebiet so handeln und glauben immer noch, dass sie davon Abstand haben, weil ‚man uns befahl, das zu tun'. Jede von uns weiß, wie ein Vertrauensbruch persönliche Beziehungen untergräbt, dennoch gibt es wenig in unseren Medien, das den Gedanken von Treue oder Rechtschaffenheit unterstützt.

Das ist der Kontext unseres derzeitigen Bemühens, Wege zu finden, Wahrheit und Wahrhaftigkeit zu ehren. Als Christen der westlichen Welt sind wir Teil dieser Welt und haben teil an all den Situationen, in denen es an Wahrheit mangelt und Rechtschaffenheit zusammenbricht. Unsere Abscheu ist umso größer, als wir deutlich sehen, welche Möglichkeiten für das Böse im menschlichen Herzen liegen—nicht in dem der anderen, sondern in unserem eigenen. Nach dem zweiten Weltkrieg schockierten die Grausamkeiten der Nazis die Menschen. Versäumnisse in der Beachtung der Genfer Konvention durch die Alliierten wurden nicht in gleicher Weise untersucht. Die derzeitigen Regierungen dieser demokratischen Nationen haben vorliegende Informationen so verändert, dass sie sich selbst damit einreden konnten, dass ihre geplanten ‚Präventivschläge' gerechtfertigt waren. Sie haben es unterlassen, Verluste der Iraker zu protokollieren und Misshandlungen begangen, die sie bei anderen schnell verabscheuen. Die demokratische Gesellschaft produziert ebenso wie die totalitäre Menschen, die keine klare Vorstellung von Wahrheit oder Rechtschaffenheit mehr haben.

Auch unsere Kirchen tragen tiefe Wunden, durch Kirchenobere, die die Wahrheit verstecken und Menschen in Machtpositionen erlauben, den Folgen ihres Missbrauchsverhaltens zu entgehen. Aus gutem Grund haben wir das Misstrauen Führern gegenüber unterstützt, die behaupten, sie wüssten, was das Beste und das Richtige ist, aber es scheint, als ob wir es unterlassen hätten, den Menschen wirkliche Anreize oder Strategien zu geben, selbst nach der Wahrheit zu suchen.

‚Ich bin gekommen, um für die Wahrheit Zeugnis zu geben'

Für diejenigen unter uns, die den Namen ‚Christ' in Anspruch nehmen, wird die Antwort nie aus nur philosophischen Argumenten bestehen. Unsere westliche Kultur hat seit zweihundert Jahren versucht, eine Ausbildung in spirituellen und moralischen Werten durch eine kirchlichen Gemeinschaft, durch solche Argumente zu ersetzen. Das Ergebnis war kein durchschlagender Erfolg. Das Christentum selbst wurde verfälscht durch Lügen und Vorurteile, die gegen die Wahrheit arbeiten. Nicht die geringsten davon sind die Behauptungen der verschiedenen rivalisierenden christlichen Traditionen, dass sie allein die ganze Wahrheit haben. Die Unnachgiebigkeit der religiösen Führer, die in der Zeit nach der Reformation die Wahrheit für sich beanspruchten, machte jede Wahrheit verdächtig, die auf moralischen oder religiösen Gründen beruhte. Wie ein Autor nahelegt:

> ,Das Engagement der unterschiedlichen Frommen führte zu einer Entwicklung, die sie alle bedauert hätten. Indem sie religiösen Pluralismus hartnäckig zurückwiesen, trugen sie dazu bei, den religiösen Pluralismus zu einer Voraussetzung für die stabile Ordnung einer Gesellschaft zu machen. Weil sie darauf bestanden, dass die religiöse Wahrheit wichtiger war als alle zeitlichen Belange, trugen sie dazu bei, dass alle religiösen Erwägungen als belanglos für die weltlichen Angelegenheiten des modernen Staates angesehen wurden. Durch ihre Bereitschaft, für gegensätzliche religiöse Lehren zu sterben, die sie als starken Ausdruck des Willens Gottes verstanden, trugen sie dazu bei, das Wissen um Gottes Willen zu problematisieren und den Wert der Religion in Frage zu stellen. Unvereinbare, tief verwurzelte und konkret ausgedrückte religiöse Überzeugungen waren Wegbereiter für eine säkulare Gesellschaft.'[2]

Wir scheinen in einer Zeit zu leben, in der die Menschen glauben, dass es keine Antworten und Bezugspunkte mehr gibt und ,alles geht'. Dennoch scheint es, als ob viele Menschen unserer Erde aus allen Glaubensrichtungen einen geistlichen Rahmen zurückfordern. Sie werden geleitet von der Überzeugung, dass es nur eine Weise gibt, um richtig zu leben und dass sie allein die Antwort besitzen.

Die derzeitige Situation fordert Christen dazu heraus, zu unseren Quellen zurückzukehren, wieder auf die Lehren Jesu zu hören. Das Evangelium des Johannes stellt einen Jesus vor, der sich mit der Wahrheit befasst. In der letzten Rede vor seiner Passion lässt dieses Evangelium Jesus ein paarmal auf die Wahrheit Bezug nehmen. ,Ich bin der Weg, die Wahrheit und das Leben' (Joh 14,6). Jesus spricht vom Beistand, ,diesen

---

2. Brad S Gregory, Salvation at Stake: Christian Martyrdom in Early Modern Europe (Cambridge, Massachusetts and London, England: Harvard University Press, 1999), 352.

Geist der Wahrheit, den die Welt nicht empfangen kann' (14,17), und er sichert den Jüngern zu, dass ,der Geist der Wahrheit . . . euch in die ganze Wahrheit führen wird' (16,13). Er betet für die Jünger: ,Heilige sie in der Wahrheit; dein Wort ist Wahrheit' (17,17). Als er vor Pilatus erscheint sagt Jesus, ,Dazu bin ich geboren worden und in diese Welt gekommen, um für die Wahrheit Zeugnis zu geben. Jeder der aus der Wahrheit ist, hört auf meine Stimme' (18,37). Johannes stellt das Thema Wahrheit in den Vordergrund. Jesus sagt, dass wir die Wahrheit kennen lernen, wenn wir in eine Beziehung zu ihm treten, d h wenn wir ihn kennen und alles wofür er eintrat. Das bedeutet im Kontext des Evangeliums ein Leben des Dienstes, der Liebe zu denen an den Rändern der Gesellschaft, und damit eine Herausforderung an alle, die ihr Vertrauen auf Macht, Geld und Status setzen. Weiter vorn im Johannesevangelium sagt Jesus es ganz einfach: ,Wenn ihr in meinem Wort bleibt, seid ihr wahrhaft meine Jünger; ihr werdet die Wahrheit kennen und die Wahrheit wird euch frei machen' (8,32).

Vielleicht verstehen wir heute das Dilemma des Pilatus: Was ist Wahrheit? Wie er sind wir skeptisch gegenüber Behauptungen, die Wahrheit zu kennen oder zu haben, besonders wenn diese Wahrheit als ,absolut' und nicht hinterfragbar präsentiert wird. Jesus erkennt unser Dilemma: glaubt nicht allein an meine Worte sondern glaubt den Werken, die ich tue, die sie bestätigen. Er gibt uns keine Garantie, dass unsere Formulierungen der Lehre und des richtigen Verhaltens nicht in jeder neuen Zeit anders ausgedrückt und neu bedacht werden müssen, aber er sagt uns sehr wohl, dass unser Verhalten mit dem was wahr und richtig ist übereinstimmen wird, wenn wir nahe bei ihm bleiben. Jesus versichert uns, dass eine Beziehung zu ihm uns in die Wahrheit führen wird. Was auch immer für Menschen anderen Glaubens der Fall ist, für Christen führt der Weg, auf dem wir heilig werden und in der Wahrheit leben können, zu einer wachsende Beziehung zu Jesus.

Wahrheit in Mary Wards Kontext

Eine interessante Gefährtin auf dieser Suche nach Lauterkeit ist Mary Ward—eine Frau, die in der Zeit lebte, als Worte wie Wahrhaftigkeit und Ehrlichkeit in der englischen Sprache geprägt wurden. Wie ihr Zeitgenosse William Shakespeare wusste sie, dass die Wahrheit anfällig war für Verzerrungen durch die Macht der Regierung. Mary Ward lebte in England in einer Zeit des bürgerlichen Aufruhrs, in einer geteilten

Gesellschaft, die darum rang, sich im europäischen Zusammenhang zu definieren. Ihre Briefe nehmen oft Bezug auf die Wahrheit und die Wichtigkeit der Ehrlichkeit (truthfulness). Sie benutzt das ältere Wort ‚Wahrhaftigkeit' (verity).

Marys Sorge um die Wahrheit war klar auf ihre Zeit bezogen. Eine der größten Auseinandersetzungen des frühen 17. Jahrhunderts in England fand darüber statt, ob es für Katholiken annehmbar war, zu lügen um der Entdeckung durch die Geheimpolizei zu entgehen. Ein Jesuit hatte über das Recht geschrieben, sich nicht selbst zu verdammen: wenn man Antworten vermeiden konnte, die als Eingeständnis von Verrat gewertet werden konnten, hatte man das Recht, so zu handeln. Das Wort, das dafür benutzt wurde, war ‚Mehrdeutigkeit'. Das bestand darin, dass man die Frage so drehte, dass man auf etwas antwortete, was der Fragende nicht meinte. Das war eigentlich keine richtige Lüge. Jedoch erzeugte es ein weit verbreitetes Misstrauen Katholiken gegenüber: ihrem Wort könne man nicht trauen.

Einige Hinweise können uns helfen zu verstehen, wie Begriffe für Wahrheit, in dieser Zeit benutzt wurden, in der die englische Schriftsprache geprägt wurde und ein zunehmendes Nationalgefühl dafür sorgte, dass Französisch und Latein ihren Status als einzige Form zivilisierter Konversation verloren. Das Oxford English Dictionary gibt Beispiele des früheren Gebrauchs von verity, (Wahrheit), sincerity (Aufrichtigkeit) und integrity (Lauterkeit). Im Jahr 1559 gebraucht Joye Wahrheit (veritie) in einer Predigt: ‚Christus selbst, die ewige und unfehlbare Wahrheit (veritie).' Ein englischer Zeitgenosse Mary Wards, Bryskett, schreibt 1606, ‚Wahrheit (veritie) ist die Tugend durch die der Mensch sich in all seinen Gesprächen, all seinen Taten und all seinen Worten aufrichtig und voll Wahrheit (truth) zeigt.' Ein anderer Schriftsteller, Henry More schreibt 1642, ‚Heiterkeit und freiheitliche Gesinnung, Einfachheit das sind die anmutigen Spielgefährten der reinen Wahrhaftigkeit (veritie) .' Aufrichtig(sincere) und Aufrichtigkeit (sincerity) wurden auch gebräuchlich. 1539 schrieb Heinrich VIII, ‚Allmächtiger Gott, der wahre Urheber und die Quelle aller wahren Einheit und aufrichtigen (sincere) Übereinstimmung' Die Bibel von König James, die 1611 veröffentlicht wurde, enthält den Gebrauch von Aufrichtigkeit, zum Beispiel, ‚Fürchte den Herrn und diene ihm in Aufrichtigkeit (sincerity) und in Wahrhaftigkeit (truth)' (Josua, 24,14)

Mary Wards Schriften

Mary Ward hat die Linie zwischen Wahrheit und Lüge nicht verwischt oder sich hinter Halbwahrheiten versteckt, selbst wenn es hilfreich gewesen wäre. Ihre Gefährtinnen berichteten, dass sie mutig ihre Meinung sagte, als sie in England vor Gericht gestellt wurde. Sie weigerte sich, ihre Zugehörigkeit zum katholischen Glauben zu verstecken und zeigte offen ihren Rosenkranz, ein verbotener Gegenstand in der damaligen Gesellschaft.[3]

Mary Ward kämpfte darum, eine skeptische Kirche davon zu überzeugen, dass Frauen, die die meisten weltlichen und kirchlichen Führer als schwach und wankelmütig ansahen, tatsächlich anderen das Evangelium verkünden konnten. Sie musste auch ihre Mitschwestern davon überzeugen, dass sie diese Aufgabe übernehmen konnten. Um zu verstehen, warum sie darauf bestand, dass Aufrichtigkeit und Wahrhaftigkeit für sie eine zentrale Bedeutung hatten, kann es helfen, sich die Entwicklung ihrer Ideen an zwei verschiedenen Stellen anzusehen. Eine ist ein Brief von 1615, den sie an den Jesuiten P Roger Lee schreibt, der ihr geistlicher Führer war. Sie erklärt, wie sie während einer Exerzitienbetrachtung die besonderen Tugenden verstanden hatte, die Frauen brauchten, die die offizielle Ankerkennung als Ordensfrauen mit den Anforderungen der Glaubensverkündigung unter den Menschen verbinden wollten. Dieses Leben war ‚nicht wie der Zustand von Heiligen, deren Heiligkeit in einer Vereinigung mit Gott erscheint, die sie außer sich sein lässt,‘ sondern sie war vielmehr gegründet

> ‚In einer einzigartigen Freiheit von allem, das einen veranlassen könnte, an irdischen Dingen festzuhalten, mit völligem Einsatz und angemessener Neigung für alle guten Werke. Etwas passierte auch, so dass ich die Freiheit entdeckte, die so eine Seele haben sollte, alles auf Gott zu beziehen. .. Das Wort Gerechtigkeit und jene, die in früheren Zeiten gerechte Menschen genannt wurden, Werke der Gerechtigkeit, in Unschuld getan, und das wir so sein sollen, wie wir erscheinen und so erscheinen, wie wir sind.‘[4]

---

3. Mary Catherine Elizabeth Chambers, *The Life of Mary Ward (1585-1645)* volume I (London: Burns and Oates, 1882), 436.
4. Gillian Orchard (ed), *Till God Will: Mary Ward through her Writings* (London: Darton, Langman and Todd, 1985), 40.

Diese Dinge schenkten ihr eine innere Freude.

> ,Einmal fand ich, dass ich mich fragte, warum dieser Zustand
> der Gerechtigkeit und die Tugend der Aufrichtigkeit mir so
> besonders notwendig schienen als Basis für all die anderen
> Tugenden, die für diesen Lebensstand erforderlich waren.'[5]

Sie erkannte, dass gerechte Menschen in früheren Zeiten auf diese Weise
gelebt hatten; ihre Entscheidung, sowohl Gott als auch anderen zu dienen,
wurde bestätigt. Sie erkannte auch, dass Aufrichtigkeit aus einer großen
Offenheit Gott gegenüber entspringt. Sie erkannte, dass Frauen, denen
der Zugang zu der Bildung, die Männern offen stand, fehlte, in Gerechtigkeit und Aufrichtigkeit gegründet sein mussten, wenn sie von Gott wahre
Weisheit gewinnen sollten, die sie brauchen würden, um ihre Aufgabe zu
erfüllen.

Diese Reflexion ist eine wunderbare Bekräftigung der drei Tugenden,
die sie als zentral für jene Frauen ansieht, die zu ihrer jungen Gruppe
hinzustießen: Freiheit, Gerechtigkeit und Aufrichtigkeit. Es sind starke
Tugenden und sie sind eng miteinander verbunden. Freiheit führt zu
einem Einsatz für Gerechtigkeit, braucht aber auch eine tiefe persönliche
Ehrlichkeit, die Schwachstellen ins Auge sieht und sie anerkennt. Jede
dieser Tugenden hat ein inneres und ein äußeres Gesicht. Innerlich kommt
die Freiheit daher, dass man die Abhängigkeit von Dingen und Menschen
loslässt, in dem Sinn, dass diese die eigenen Entscheidungen beeinflussen
könnten. Äußerlich ist die Person befreit zu allen guten Werken. Die
Fähigkeit, ,alles auf Gott zu beziehen', spricht von dem freigebigen Geist,
der sich an der ganzen Schöpfung erfreuen kann an der Kunst, der Musik,
der Natur, den Menschen und sie in das Zentrum der eigenen Beziehung
zu Gott hineinnehmen kann und so nicht von ihnen gefangen ist. Bei der
Gerechtigkeit geht es um die richtige Beziehung zu Gott, die Gott Gott
sein lässt und sich mit Dankbarkeit und Lobpreis an ihn wendet. Es geht
auch um die richtigen Beziehung zum Nächsten, um den Einsatz für
Gerechtigkeit. Aufrichtigkeit schließt die innere Seite ein, die das eigene
Herz kennt, die Lauterkeit, die aus der Reflexion und der Selbsterkenntnis
kommt, aber auch die Forderung, die Wahrheit zu sagen und danach zu
handeln. Marys Exerzitienaufzeichnungen zeigen eine schonungslose
Ehrlichkeit im Hinblick auf ihre eigenen Fehler, aber das führt sie nicht

---

5.　Ein Brief von 1615, zitiert in Orchard, 41.

zu unnützen Schuldgefühlen. Sie erkennt, dass nicht alles von ihr abhängt. In Exerzitien 1619 schreibt sie über das Verlangen der Seele ganz Gott zu gehören: ‚Das scheint der Weg zu sein: dass (wir) es zuerst erkennen, (es) danach ersehnen und ein wenig danach streben und Gott tut das Übrige.'[6] Im italienischen Fragment ihrer Autobiografie schreibt sie:

> ‚So sehr habe ich von Anfang an die Lauterkeit geliebt, dass es für mich unmöglich gewesen wäre, in Dingen der Seele halbherzig zu handeln, wo alles bestimmt ist und ganz und vollständig sein soll, es sei denn, ich hätte gegen meine Natur gehandelt.'[7]

1625 drängte man Mary, das abzumildern, zu dem sie sich von Gott berufen glaubte, d. h. eine milde Form von Klausur anzunehmen. Damit wäre es ihr möglich gewesen, neue Kommunitäten zu gründen, aber es hätte ihre Arbeit in England eingeschränkt. Winifred Wigmore gibt ihre unverblümte Antwort: ‚unsere liebste Mutter antwortete, dass „sie keine Klausur zulassen würde außer zwei Pfähle in Form eines Kreuzes, um die vorhergenannte Gnade zu erlangen, ihr Institut zu verbreiten."[8] Gottes Anweisung ‚das Gleiche der Gesellschaft (Jesu)' zu nehmen aufzugeben, war ein Kompromiss auf den sie sich nicht einlassen konnte. ‚So zu sein wie wir erscheinen und so zu erscheinen, wie wir sind' war Teil ihrer rückhaltlosen Hingabe an die Wahrheit. Als Gefangene der Inquisition weigerte sie sich, eine Erklärung zu unterschreiben, die als Eingeständnis hätte gedeutet werden können, dass sie eine Häretikerin war. Sie zog es vor, ohne die heilige Kommunion auszukommen, statt ihre eigene Wahrhaftigkeit und die ihrer Gefährtinnen zu gefährden. So zeigen ihre Worte und Taten eine unglaublich starke Hingabe an Wahrheit und Lauterkeit.

Das zweite Beispiel in dem Mary für Wahrhaftigkeit eintritt sind die Reden, die sie 1617-18 hielt, die Wahrhaftigkeitsreden (verity speeches) genannt wurden.[9] Sie zeigen ihren starken Sinn für den Wert der Frauen und die Bedeutung, die sie der Wahrhaftigkeit beimaß. Unsere Berichte sind Notizen, die eine Schwester während Marys Ansprache gemacht

---

6. M Immolata Wetter, Mary Ward in her Own Words (Rome: IBMV Casa Generalizia, 1999), 64.
7. Orchard, 19.
8. Chambers, volume 2, 207.
9. Orchard, 56-60.

hat. Es sind also keine wörtlichen Mitschriften, sondern sie enthalten die Hauptpunkte der Rede. Mary argumentiert dass, wenn der Eifer nachlässt es nicht daran liegt, dass sie Frauen und keine Männer sind, sondern daran, dass sie ‚nicht die Wahrheit lieben sondern Lügen nachlaufen‘.

> ‚Ich flehe euch alle um der Liebe Gottes willen an, die Wahrheit zu lieben. Wer kann eine Lüge lieben? Und alles was sich nicht in Taten zeigt, ist Lüge! Oder wer kann eine Kreatur oder einen Freund lieben, der nicht das ist, was er zu sein scheint?‘[10]

Diese Ansprachen zeigen eine Vertrautheit mit den Psalmen aber auch einen johanneischen Sinn für die menschgewordene Wahrheit. Mary gründet auf ihren Glauben: veritas Domini manet in aeternum: die Wahrheit Gottes bleibt in Ewigkeit. Sie sagt, dass es nicht um die Wahrheit der Männer oder der Frauen geht, sondern um die Wahrheit Gottes. Wenn man ihre Erörterung weiter verfolgt, wird klar, dass die Wahrheit Gottes die wirkliche Anwesenheit Gottes ist. Weil wir schwach sind, geben wir das Gebet oft auf, wenn wir es nicht mehr leicht oder angenehm finden. Gott jedoch gibt nicht auf, und wenn wir dieser Wahrheit vertrauen, werden wir durchhalten. Mary geht von der Wahrheit, die die Treue Gottes ist, zu der Wahrheit über, die die unsere ist: das, was wir tun müssen, gut zu tun. ‚Das ist Wahrheit: das was wir tun müssen, gut zu tun.‘ Wahrheit ist keine passive Tugend, aber sie ist auch nicht außerhalb unserer Reichweite.

Aus der zweiten Ansprache, die sie zu dem Thema hielt, ist uns Folgendes überliefert:

> ‚Ich hoffe, mit der Gnade Gottes, dass der Eifer nicht abnehmen wird, wenn wir die Wahrheit lieben. Deshalb muss und will ich immer für diese Wahrheit einstehen: dass Frauen vollkommen sein können und dass der Eifer nicht deshalb abnimmt, weil wir Frauen sind. Frauen können ebenso vollkommen sein wie Männer, wenn sie die Wahrheit lieben und wahre Erkenntnis suchen. Ich meine nicht Wissen, obwohl es eine große Hilfe ist, und wie sehr ich Wissen schätze, soll nachher gesagt werden. Aber es ist nicht das Wissen, das ich euch empfehle, sondern Erkenntnis, wahre

---

10. M Immolata Wetter, Sixth Letter of Instruktion, 12.

Erkenntnis, die ihr alle haben könnt, wenn ihr sie liebt und sucht. Und ihr braucht sie alle sehr nötig, selbst bei kleinen Dingen, deshalb empfehle ich euch diese wahre Erkenntnis und das rechte Verstehen bei allen Gelegenheiten, und das könnt ihr ohne Gelehrsamkeit erlangen, wenn ihr es sucht, indem ihr die Wahrheit liebt.'[11]

Hier zeigt sie ihre Fähigkeit, eng verbundene Begriffe zu unterscheiden: Wissen, Erkenntnis und Wahrheit, aber immer auf ihr Hauptthema zurückzukommen: liebt die Wahrheit, die Lauterkeit.

Die dritte Unterweisung geht ausdrücklicher auf die Verbindung von Wahrhaftigkeit und Wissen ein. Die Frauen sollen die Vollkommenheit nicht durch Gelehrsamkeit suchen, da viele gelehrte Männer zeigen, dass Gelehrsamkeit nicht notwendigerweise zur Heiligkeit führt.

,Um Vollkommenheit zu erlangen, ist es notwendig, die Wahrheit zu kennen, sie zu lieben und zu tun. Damit ihr nicht irrt, flehe ich euch alle an, gut zu verstehen und zu beachten warum ihr diese Erkenntnis suchen sollt. Nicht wegen der Befriedigung und der Erfüllung, die sie euch bringt, obwohl sie außerordentlich groß sein kann, sondern wegen des Ziels, zu dem sie euch bringt, das Gott ist. Sucht sie für ihn, der die Wahrheit ist. Dann werdet ihr glücklich sein und fähig, euch selbst und anderen zu nützen. Ohne sie werdet ihr nie für irgendetwas taugen. Es ist die Wahrheit, dies zu wissen: dass ihr nur das fürchten müsst, was Gott missfällt, nämlich die Sünde. Wenn wir davon frei sind, was müssen wir fürchten? Es ist die Wahrheit zu wissen, dass Gott alles tun und bewirken kann und dass alles leicht ist in ihm. Denkt daran, dass Gott das Ziel all eurer Taten ist, und darin werdet ihr große Befriedigung finden und glauben, dass alle Dinge leicht und möglich sind.'[12]

In diesen Reden zeigt Mary Ward viele Interpretationen von Wahrheit auf, die in ihrer Erkenntnis von Gott als Wahrheit gegründet sind. Ein Fragment eines ihrer Gebete ist uns überliefert: ,O Wahrheit selbst, bewahre sie vor Irrtum, verbessere ihre Urteilsfähigkeit, vollende ihre Erkenntnis,

---

11. Orchard, 58.
12. Orchard, 59-60.

schenke ihnen wahre . . .'[13] Wahre Erkenntnis, Erkenntnis der man trauen kann, wächst aus der eigenen Beziehung zu Gott. Wenn man Gott kennt, muss man aus dieser Erkenntnis heraus handeln, weil Wahrheit nicht passiv ist, sondern nach wirksamem Ausdruck im täglichen Leben ruft. In vielerlei Weise gibt Mary die Worte des Johannesevangeliums wieder. Lauterkeit ist Ernsthaftigkeit; es ist unmöglich das eine zu sagen und das andere zu tun, oder durchgängig gegen die eigene bessere Einsicht zu handeln, wenn man es mit der Beziehung zu Gott ernst meint. Dieses Ideal ist keine unmögliche Forderung. Wir können es erreichen, indem wir gewöhnliche Dinge gut tun und in den kleinen Forderungen und Möglichkeiten wahrhaftig sind.

Mit diesen Ideen heute arbeiten

Heutzutage müssen wir neu darüber nachdenken, wie wir den Sinn für einen Gott fördern können, der die Wahrheit ist, und an den wir uns in Freiheit wenden können, der uns ruft, persönliche Integrität und Ehrlichkeit ‚wirksam werden zu lassen' oder auszuleben. Könnten junge Menschen heute etwas gewinnen, wenn sie dem Kern dieser Botschaft von Wahrheit und Integrität mehr ausgesetzt würden? Könnten die älteren von uns das tun?

Dies ist kein kleines Projekt, wenn man bedenkt, dass der Fokus heute auf der äußeren Erscheinung liegt, darauf andere wegen ihres Reichtums und ihres Status zu bewerten, statt aufgrund ihrer inneren Würde. Dieser oberflächlichen Lebensweise fehlt eine tiefergehende Reflexion unserer inneren Möglichkeiten. Wenn unsere Taten tatsächlich die Person formen, zu der wir werden, dann bewirkt Unehrlichkeit auf einem Gebiet, dass wir auf allen Gebieten zu unehrlichen Menschen werden.

Ein Teil der Antwort liegt darin, wie wir die Wahrheit präsentieren. Wenn wir heute etwas gelernt haben, sollten wir mit der Behauptung, ‚die Wahrheit' zu besitzen, sehr bescheiden sein. Die Geschichte und die Soziologie lehren uns, dass ein Sachverhalt oder eine Situation immer mehr als eine Seite hat. Es gibt jedoch auch Werte und Ideale die wahr bleiben, selbst wenn es uns nicht gelingt, sie zu erreichen. Geschichten von heroischen Menschen, die an ihrer Wahrheit festgehalten haben, zeigen uns, dass der leichte Weg nicht immer der der Integrität ist. Wir müssen uns

---

13. M Immolata Wetter, Mary Ward's Praxer: Talks given by M Immolata Wetter in Loyola 1975, 39 (no publisher listed). Dieses Gebet ist ein unvollendetes Fragment.

gemeinsam anstrengen, um einer Kultur zu widerstehen, die Menschen dazu ermutigt, sich jeden Wunsch zu erfüllen, und die es erlaubt, jede Begierde frei auszudrücken. Die Antwort kann aber nicht in einer negativen Einstellung zur heutigen Lebensweise liegen. Wir müssen eine ansprechende Alternative anbieten. Vielleicht müssen wir alle, Junge wie Alte, damit beginnen nach Möglichkeiten zu suchen, wie wir miteinander herausfinden, welche Rolle die Wahrheit in unserem Leben spielt und wie sich unsere Beziehung zu dem Geist der Wahrheit, der in unsere Herzen gesandt ist, zeigt.

Eine andere Möglichkeit liegt darin, diese Werte in die Diskussion über andere Lebensbereiche einzubringen. Feministische Theologinnen haben den Wert betont, der darin liegt, dass wir Menschen mit einem Körper sind, keine körperlosen Köpfe. Vielleicht könnte Mary Wards Betonung von Integrität eine wichtiger Weg sein, sexuelle Einstellungen und den Wert unseres Körpers zu betrachten. Was wir sagen und tun muss integer sein; die intensive Selbsthingabe in der sexuellen Intimität sagt mehr als Worte. Sie ist eine Selbsthingabe von großer Bedeutung. Wenn wir diese Bedeutung wegnehmen, entwerten wir eine Währung, von der wir im innersten wissen, dass sie mehr wert ist, als eine beiläufige Rückzahlung für einen schönen Abend. Wenn man sich leichtfertig auf sexuelle Intimität einlässt, ohne Verpflichtung und Hingabe, ohne die Tiefe einer nachhaltigen Beziehung, wie können wir dann die Selbsthingabe nutzen, um eine lebenslange Bindung zu besiegeln? Die Sprache der Liebe, die sich in der sexuelle Vereinigung zeigt, bringt etwas Gewichtiges zum Ausdruck. Diese Sprache kann uns erniedrigen, wenn sie nicht wahrheitsgemäß gesprochen wird. Wenn sie ohne tiefe Integrität benutzt wird, kann sie unsere Wahrheit zerstören. Vielleicht müssen wir mehr darüber hören, was Sexualität als Ausdruck unserer tiefsten Wahrheit bedeutet.

‚Wir sind nicht berufen, das Leben Jesu zu kopieren, sondern ihn in einer anderen Zeit und in einer charakteristischen Weise nachzuahmen.'[14] Das Leben des Christen ist ein Ruf ‚Christus anzuziehen', in Christus verwandelt zu werden, wie Paulus es ausdrückt. William Spohn behauptet in seinem Buch über Jesus und Ethik, dass ethische oder politische Handlungen drei miteinander verbundene Stützen haben: Kenntnis der Geschichte Jesu; eine Vertiefung unserer Beziehungen zu Gott durch gemeinsames und persönliches Gebet, das wir in unser Leben einbeziehen und indem wir die Tugenden, die Jesus zeigte, ausleben, so dass sie zur Gewohnheit

---

14. William C Spohn, Go and Do Likewise: Jesus and Ethics (New York: Continuum, 1999), 152.

werden. Das ist eine leicht abgewandelte Version von ‚Sehen, Urteilen, Handeln', eine für viele gut bekannte Maxime.

Kenntnis der Geschichte Jesu verlangt Anstrengung von uns. Die heilige Schrift zu lesen und mit ihr zu beten, kann nicht mit der Lektüre der Zeitung verglichen werden. Zu jeder Zeit hat die Einfachheit der biblischen Geschichten eine enorme Bedeutung, aber jede Generation hört sie durch ihre eigenen Kopfhörer, die unbequeme Teile herausfiltern oder sie auf der Ebene der Kinderzeit versteinern. In unserem Zeitalter mit unserer Weltsicht, brauchen wir Hilfestellung, um die Feinheiten in den Geschichten, die wir oft auf Banalitäten reduziert haben, neu herauszufinden. Die Mittel sind vorhanden; wir müssen nur daran glauben, dass unser Gebet wichtig genug ist, dass wir es mit ein wenig intellektuellem Einsatz nähren. Es ist auch etwas anderes, wenn wir mit anderen lesen, besonders mit Menschen, die am Rand der Gesellschaft leben oder engen Kontakt mit Randgruppen haben. Sie lassen uns mit wacherer Aufmerksamkeit lesen. Wenn wir die heilige Schrift gemeinsam oder allein in meditativer Weise lesen, kann die innere Wahrheit der Geschichten uns ergreifen und uns zur Wahrheit rufen.

Unsere Beziehung zu Gott zu vertiefen bedeutet, uns für ihn Zeit zu nehmen, sie zu integrieren, einen Raum zu finden, in dem wir das Evangelium auf unseren Alltag beziehen. Wenn man in Freiheit und für Gerechtigkeit handeln will, dann ist Integrität entscheidend. Wenn man die aktuellen Themen unterscheiden will, braucht man Zeit zur Reflexion. Praktische moralische Weisheit kommt von einem inneren Ohr, das sowohl auf die Nöte von heute als auch auf das Evangelium eingestimmt ist. Nachdenkliche Achtsamkeit ist keine Tugend, die von unserer Gesellschaft gefördert wird. Sie ist eine Haltung, die die allmähliche Verwandlung unserer Selbstbezogenheit einschließt. Dieser Reflexionsprozess nimmt unser Leben ernst und glaubt daran, dass Gott uns in unseren täglichen Begegnungen ruft. Das bedeutet, dass wir in verschiedenen Situationen auf die Bewegungen unseres Herzens achten und dass wir uns Zeit nehmen, danach zu fragen, was sie uns über unseren Weg mit Gott sagen wollen. In so einem Prozess werden unsere inneren Werte und die innere Wahrheit gestärkt.

Als Christ zu leben, bedeutet die Tugenden, die Jesus lebte, zu praktizieren. Ehrlichkeit, Vergebung, Gastfreundschaft, Solidarität mit den Unterdrückten, Mitgefühl, Dankbarkeit und Freude an der Gegenwart Gottes, all das sind wesentliche Elemente der Nachfolge Christi, und sie werden zu selbstverständlichen Tugenden in unserem Leben, wenn wir ehrlich sind, Vergebung schenken, Fremde willkommen heißen, Menschen am Rand der Gesellschaft kennenlernen. Es ist beunruhigend, dass die Nachfolge Jesu wenigstens vordergründig auf ein Ergebnis hinausläuft, das niemand will. Was der australische Karikaturist, Dichter und Prophet Michael Leunig als Gebet schreibt, ist es wert wiederholt zu werden:

> Das, was in uns Christus-ähnlich ist, wird gekreuzigt werden.
> Es wird leiden und zerbrochen werden.
> Und das was in uns Christus-ähnlich ist, wird auferstehen.
> Es wir leben und schöpferisch sein.[15]

Ehrlichkeit bedeutet dann Verwundbarkeit. Wenn wir für das eintreten, was wir für wahr halten, wenn wir die Wahrheit sagen, dann kann es passieren, dass andere uns ablehnen. In der Freiheit, Gott eine zentrale Stellung im Leben zu geben, liegt die Zusage, dass diese Beziehung fest bleiben wird, trotz der Unbeständigkeit die Ehrlichkeit und Lauterkeit im Gefolge haben könnten. Die Herausforderung für uns alle liegt darin, den Mut zu finden, die Wahrheit zu sagen, die Wahrheit auszusprechen, statt der Ungerechtigkeit freie Hand zu lassen. Außerdem müssen wir unsere eigene Wahrheit kennenlernen, indem wir unser Schweigen vor der Wahrheit vertiefen, indem wir da sind und es Gott ermöglichen uns in die eigene Tiefe zu führen.

---

15. Michael Leunig, A Common Prayer Collection (North Blackburn: Collins Dove, 1993).

Kapitel Acht
Die Frauen und die Kirche

Frauen werden in Zukunft viel tun.[1]

Mary Ward, 1617

In ihrem Bemühen die Rolle, die Frauen in der Kirche spielten, zu erweitern, zielte Mary Ward nicht nur auf das Wohl der Frauen, sondern auf den Glauben der Menschen in ihrem geliebten England und letztendlich im weiteren Gebiet Europas. Sie ging so vor, dass sie die neuen Möglichkeit ehrlich und klar benannte, sich aber weigerte, ihre Gegner zu ‚dämonisieren‘. In diesem Kapitel möchte ich kurz auf Veränderungen und auf neuere Entwicklungen in der katholischen Kirche schauen, die die Verkündigung der frohen Botschaft schwächen. Dann möchte ich einige entscheidende Grundsätze und Anliegen des christlichen Feminismus untersuchen und Möglichkeiten andeuten, wie Mary Wards Engagement für Frauen denjenigen von uns, die heute in der Kirche arbeiten, helfen kann.

War Mary Ward eine Feministin? Diese Frage gleicht der, ob Jesus ein Christ war! Jesus war Jude. Man kann spätere Kategorien nicht auf frühere Zeiten anwenden. Natürlich ist der Unterschied riesig: während das Christentum auf das Leben Jesu gegründet ist, ist der Feminismus nicht auf Mary Ward gegründet. Sie hätte nicht in modernen Begriffen, wie Gleichberechtigung, sexistischer Sprache oder Gender Analyse denken können. Dennoch hat ihre Geschichte Bezug zu der heutigen Bewegung, die die volle Mitwirkung von Frauen in der Kirche und der Gesellschaft anstrebt.

Feminismus ist ein belasteter Begriff. Erinnern Sie sich daran, wie oft sie gehört haben (oder selbst gesagt haben), ‚ich bin keine Feministin,

---

1. Brief an P John Gerard, 1619, Orchard, 57

121

aber . . .' Man nimmt an, dass Feministinnen eine anti-männliche, unlogisch zerstörerische oder antichristliche Einstellung haben. Bevor wir also mit den Überlegungen beginnen, könnte es helfen, unsere eigenen Reaktionen auf dieses Wort zu benennen, Ebenso sollte uns klar sein, wie wir auf die verschiedenen Haltungen und Praktiken reagieren, die Frauen davon ausschließen oder ausgeschlossen haben, ihre Begabungen in der Welt oder in der Kirche einzubringen.

- Welche Hoffnungen und Befürchtungen macht sich der Feminismus zunutze?
- Warum gibt es so viele Widerstände, sowohl unter Frauen als auch unter Männern, die üblichen Rollen und Praktiken zu verändern?
- Wo könnte der Ursprung einer solch unterschiedlichen Haltung gegenüber Frauen und Männern liegen?

Die katholische Kirche und der Wandel

Die katholische Kirche ist wahrscheinlich die älteste funktionierende weltweite Einrichtung. Sie hat sich an außergewöhnlich vielfältige Weltordnungen und Kulturen angepasst und sie überlebt. Sie war jedoch normalerweise eine Macht, die reagiert hat, statt aktiv einzugreifen. Selbst die wohlwollendsten Historiker erkennen an, dass die zentrale Kirchenorganisation meist zu Veränderungen gezwungen wurde. Dann, nach ein paar Generationen, wurde klar, dass diese Veränderungen tatsächlich Glück im Unglück waren. Der Verlust des Kirchenstaates, die verschiedenen Abkommen, die die Kirche daran hinderten, in politische Prozesse einzugreifen und zuletzt ein verändertes Zivilrecht das sicher stellt, dass Menschen, die Kinder missbrauchen, nicht durch ihren Klerikerstand geschützt werden, sind Beispiele dafür. Die Kirche nimmt trotz allem weiterhin Veränderungen auf und diese ermöglichen es ihr, neuen Generationen in verschiedener Weise zu dienen. Die Hoffnung, die in dieser Realität steckt, könnte minimal erscheinen, aber sie ist es wert, betrachtet zu werden. Die Kirche legt bei vielen geplanten Veränderungen einen Bremsklotz ein und fordert damit eine westliche Besessenheit heraus, die Veränderung mit Fortschritt verwechselt. Jedoch behindert der gleiche Bremsklotz oft auch die Fähigkeit der Kirche, die Sendung Christi zu erfüllen, nämlich der Welt das Evangelium zu verkünden. In der 60er Jahren übernahm der Papst Johannes XXIII. die Initiative, nach außen zu schauen und zu fragen, welche Veränderungen im Denken der Kirche notwendig waren. Wie können wir der Welt besser dienen und in der unruhigen Zeit, in der wir leben, ein Zeichen für Gottes Liebe sein? Das Zweite Vatikanische Konzil brachte radikale Veränderungen, die viele innerhalb und außerhalb der Kirche überraschten.

Dies ist keine Untersuchung des II. Vatikanum, aber ein paar Entwicklungen in diesem Konzil stellen einen wichtigen Hintergrund für das Thema ‚Frau in der Kirche' heute dar. Es bildete sich ein neues Bewusstsein für den Wert der kulturellen Vielfalt heraus. Statt über eine Uniformität von Sprache und Zeremoniell zu jubeln, erkannte das Konzil, dass die Menschen ein Recht hatten, in ihren eigenen Sprachen anzubeten, das Evangelium zu hören und öffentlich zu beten, ihre eigene Musik zu nutzen, bereichert durch ihre kulturellen Bräuche. Das betonte die Bedeutung der örtlichen Kirchenführung statt der Kontrolle durch ausländische Missionare. Karl Rahner nannte das die Bewegung weg von der europäischen Kirche und hin zur Weltkirche.

Ein anderes bedeutendes Gebiet des Wandels, dass sich herauszubilden begann, betraf die Methode der Leitung: man begann das Wort Kollegialität zu benutzen. Das Konzil selbst führte diese Möglichkeit vor und spätere Bischofssynoden wurden als eine Möglichkeit begrüßt, von der Weisheit der Ortskirchen der ganzen Welt zu zehren. Um den Eindruck zu korrigieren, dass die Priesterweihe das bedeutendste Sakrament für ein aktives christliches Engagement war, erkannte das Konzil die Taufe als das Sakrament an, das alle zur Heiligkeit und zur Mission ruft, weil das Reich Gottes jeden Menschen braucht, nicht nur die geweihten, wenn der Dialog mit der Welt aufrecht erhalten werden soll. Die Bischöfe, die auf dem Konzil versammelt waren, versprachen auch, auf die Hoffnungen, Freuden, Ängste und Sorgen der Welt zu hören und mit der Botschaft des Evangeliums auf sie zu antworten. Sie erkannten die Bedeutung der Religionsfreiheit offiziell an und begannen den Dialog mit anderen Kirchen. Es war für viele ein Frühling der Hoffnung.

Das Pendel schwingt um

Wenn man sagt, dass diese Hoffnung sich aufgelöst hat, benennt man eine Realität, in der sich viele wiederfinden werden. Die Gründe dafür sind vielfältig. Äußerlich waren die Themen der Moderne, die die Konzilsväter in den 60er Jahren anzugehen versuchten, schon beinahe im Rückspiegel der Geschichte zu sehen. Vor ihnen lagen wirtschaftliche und politische Veränderungen, die die Machtstrukturen der Welt verändern sollten; intellektuelle und künstlerische Entwicklungen, die Grundsätze untergraben sollten und technologische, wissenschaftliche und soziale Veränderungen, die das Familienleben, persönliche Beziehungen, Arbeitsabläufe und die Ausübung der Religion umgestalten sollten.

Den Chancen für eine anhaltende, kreative Antwort, die es gab, wurde von der Kirche ein Dämpfer aufgesetzt. Einige Teile befürchteten, dass das Pendel zu weit ausgeschlagen hatte und lange vertretene Sicherheiten in Gefahr brachte. Die zentrale Kontrolle wurde enger. Die Ortsbischöfe wurde auf Linie gebracht oder ersetzt, ohne dass ihre Einschätzung der Bedürfnisse der Ortskirche berücksichtigt wurden. Während eine lautstarke Minderheit diesem Versuch, eine zentral bestätigte ‚Sicherheit' wieder verpflichtend einzuführen, Beifall spendet, verlassen andere Katholiken, die das II. Vatikanum begrüßten die Kirche oder ringen darum, in ihr eine Heimat zu finden.

Wegen der hierarchischen Geisteshaltung und Struktur ist Beratung auf vielen Gebieten fakultativ. Die Macht, Entscheidungen zu fällen, bleibt in den Händen von wenigen; geweihte Männer formulieren die Kirchengesetze und vollstrecken sie; der Eucharistiefeier vorzustehen ist eine klare Domäne, die allein den Männern vorbehalten ist. Manchmal berät man sich mit nicht geweihten Männern und Frauen, aber das bewirkt selten Veränderungen in eingefahrenen Positionen, selbst wenn es das Familienleben betrifft. Es gibt keine Strukturen, die eine offene Diskussion über alternative Standpunkte ermöglichen. Die Führer der Ortskirchen können sich nicht bewegen, ohne eine Spaltung fürchten zu müssen.

Die Missbrauchsskandale der letzten Zeit haben das Priestertum zu einer immer weniger ansprechenden Karrierewahl gemacht. Diese Probleme nagen an der Hoffnung vieler geweihter Männer und auch der Menschen in den Kirchenbänken oder—zunehmend häufiger—derjenigen, die nicht mehr in den Kirchenbänken zu finden sind. Wenigstens im Westen sind junge Menschen die Ausnahme in vielen Pfarreien. Viele gute katholische Mütter wünschen sich nicht mehr, dass ihre Söhne Priester werden. An Orten wie Lateinamerika erleben Pfingstkirchen eine starkes Wachstum, ihre Liturgie zieht Familien an, die seit Generationen katholisch gewesen sind.

Trotzdem, inmitten all dieser Dinge, sind Wachstum und Veränderung weitergegangen. Die Strukturen des geistlichen Amtes verändern sich notgedrungen, verbunden mit einem wachsenden Bewusstsein für die Berufung durch die Taufe, statt durch offizielle Ernennung. Ein Bereich, der aus dem Schatten heraustritt, ist der der Frauen, die eine entscheidende

Rolle in der Kirche spielen. 1960 stellten nur wenige die Tatsache in Frage, dass die etwa 2000 Menschen, die sich versammelt hatten, um die Kirche in moderne Zeiten zu bringen, alle männlich waren und im Zölibat lebten. 1960 hätte niemand erwartet, dass eine verheiratete Frau mit Ehemann und Familie oder eine Ordensfrau bei Abwesenheit des Priesters eine Pfarrei führt. Niemand hätte die große Anzahl der Laien, Männer und Frauen vorausgesehen, die sich Zeit nahmen und Geld aufwanden, um Theologie zu studieren und das Evangelium auf neue Weise mit Bereichen des Alltag zu verknüpfen. Ganz sicher hätte sich niemand Frauen als Professorinnen der Theologie an großen Universitäten überall in der Welt vorstellen können. Sie schöpfen aus der Psychologie, Anthropologie und Soziologie und lehren eine Theologie, die neue Einsichten und Weisheit bietet. Sie stellen neue Fragen, weil ihre Erfahrung eine andere ist. Die praktische Kompetenz derer, die Pfarreien vorstehen, in der Gefängnis- und Krankenhausseelsorge arbeiten, die akademische Kompetenz der Frauen in der Universitätsausbildung, die organisatorische Kompetenz jener, die verzweigte Netzwerke von Schulen und Krankenhäusern leiten und ebenso die spirituelle Erfahrung vieler hunderter geistlicher Begleiterinnen werfen eine Frage auf. Wird die offizielle Kirche dieses neue Zeichen des Heiligen Geistes, der weht wo er will, als Gabe Gottes anerkennen, die einen neuen Weg weist? Oder werden diese Entwicklungen weiterhin als eine Art pastorale und theologische Lückenfüller angesehen werden, als notdürftigen Versuch, Mauern aufrecht zu erhalten, die nicht mehr den richtigen Raum für die Gemeinschaft bieten?

Der Einfluss der Frauenbewegung

Was bedeutet es angesichts dieser veränderten Realität, Christin und Feministin zu sein? Christliche Feministinnen bauen auf der Arbeit anderer Frauengruppen auf, die hilfreiche Analysen geliefert haben, wie Systeme arbeiten. Sie haben Techniken der Geschichtsforschung entwickelt und eine feingeschliffene Sprache, die dabei hilft, Situationen zu klären. Eine Theologin sagte, wenn man Feministin in der Kirche ist, trägt man ein zweifaches Kreuz[2]. Wenn man sich als Feministin bezeichnet, riskiert man Ablehnung in der Kirche. Wenn man sich weigert, das Recht auf Abtreibung zur entscheidenden Forderung seines Feminismus zu machen,

---

2. Ich glaube, diese Idee kommt aus einem Artikel von Patricia Wilson Kastner, aber ich kann die Referenz nicht finden.

wird man von der etablierten feministischen Bewegung abgewiesen. Unterscheidung und Sorgfalt müssen jeden neuen Schritt begleiten.

Es stellt sich die Frage: Warum soll man den Begriff Feminismus überhaupt benutzen? Ohne Zweifel ist er ein verfänglicher Begriff, der genau so viel auszugrenzen scheint, wie das System, dass er in Ordnung zu bringen sucht. Diejenigen, die dafür plädieren, ihn weiterhin zu benutzen, versuchen meist nicht, die Macht der Männer durch die der Frauen zu ersetzen. Tatsächlich sind die meisten Feministinnen realistisch genug, um sowohl die Undurchführbarkeit als auch den grundsätzlichen Fehler dieser Idee zu erkennen: einige Frauen können genauso machthungrig, beherrschend und zerstörerisch für das menschliche Wachstum sein wie Männer. Es hat keinen Sinn, eine patriarchalische Struktur durch eine matriarchalische zu ersetzen!

Statt dessen stellt der Feminismus Fragen an unsere derzeitigen Systeme. Wirtschaftliche, technologische, geschäftliche und politische Entscheidungen, die von wenigen getroffen werden, haben Einfluss auf die Mehrheit der Weltbevölkerung und auf die Erde selbst. Einige jüngere Frauen sind der Meinung, dass die schlechte Presse, die sich mit dem Begriff ‚Feminismus' verbindet, seine Glaubwürdigkeit zerstört hat. Andere glauben, dass er seinen Dienst getan hat und dass ein weniger belasteter Begriff besser wäre. Jedoch ist die Tatsache, dass er kein sehr bequemer Begriff ist, vielleicht ein Gewinn. Er zwingt uns aus der Selbstzufriedenheit heraus. Er benennt eine Entschlossenheit, Stereotype zu verändern, so dass alle Männer und Frauen bessere Möglichkeiten haben, als gleichgestellte Menschen zu leben und zu arbeiten. Trotz der Bemühungen der Medien und einiger kirchlicher Gruppen, den Begriff in Verbindung mit ‚radikal' zu benutzen, so dass er immer kompromisslos oder zerstörerisch klingt, finden sich für viele Grundsätze von Feministen, sowohl Frauen als auch Männern, gute Fakten im Evangelium.

Die grundsätzliche Annahme der feministischen Bewegung ist, dass Frauen in vollem Sinn Menschen sind und als solche geschätzt werden müssen. Man könnte das als das Ausbuchstabieren des Satzes ansehen, ‚als Bild Gottes, als Mann und Frau, schuf er sie'. Eine stärker handlungsorientierte Definition sagt aus, dass Feminismus ‚eine Analyse der Unterwerfung der Frau ist, mit dem Ziel, herauszufinden, wie die Unterwerfung verändert werden kann!' ‚Eine breite Perspektive, die die Würde und das volle Menschsein der Frau ehrt und feiert[3]' deutet auf

---

3. Anne Carr, Transforming Grace Christian tradition and Women's Experience (San Francisco: Harper and Row, 1988), 1.

die Energie und das Potential hin, das diese Rückforderung von Stimme und Würde hervorruft. Sandra Schneider fasst den Feminismus als eine umfassende Menge von Ideen zusammen,

> ‚die in der Erfahrung der sexuellen Unterdrückung der Frauen wurzelt, Kritik am Patriarchat übt, weil es ein im Kern gestörtes System ist, eine alternative Vision für die Menschheit und die Erde wahrnimmt und aktiv versucht, die Vision zu realisieren.'[4]

Während es verschiedene Formen des Feminismus gibt und Frauen aus unterschiedlichen Kulturen weiterhin unterschiedliche Erfahrungen und Erkenntnisse in den Dialog einbringen, stimmen alle darin überein, dass es drei wesentliche Aufgaben gibt. Zunächst besteht die Herausforderung darin, die gegenwärtige Situation zu analysieren und das was für Frauen zerstörerisch ist zu benennen. Zweitens ist es notwendig, sich eingehend mit der Geschichte zu befassen, um die falschen Voraussetzungen aufzudecken, die diesen Zustand gestützt haben, aber auch um Geschichten von Frauen ans Licht zu bringen und hochzuhalten, die diese Klischees durch die Jahrhunderte hindurch herausgefordert haben. Drittens ist es wesentlich, daran zu arbeiten, unser gesellschaftliches Leben gemeinschaftlich, miteinander und gerecht zu organisieren, mit Respekt füreinander und für die Erde, auf die wir angewiesen sind. Viele Männer unterstützen diese Ziele und nehmen an der Bewegung für eine neue Zukunft ohne Sexismus teil.

Wie alle Befreiungsbewegungen, so wurde auch der Feminismus angesichts von Notlagen geformt. Für manche Frauen war es die unsichtbare Barriere im Beruf, wo ihre Fähigkeiten die der stärker favorisierten männlichen Gegenspieler übertrafen. Für andere war es die alleinige Verantwortung für eine Familie, nachdem sie die eigene Karriere aufgegeben hatten, um das Studium des Mannes zu ermöglichen. Manchmal war ökonomische Ungerechtigkeit, wie die Ablehnung von Banken, Frauen einen Kredit zu geben, der Auslöser, um das System in Frage zu stellen. Für andere war es häusliche Gewalt, die nicht als kriminell angesehen wurde, oder die Erfahrung, dass sexueller Missbrauch in der Familie verschwiegen wurde, die die Erkenntnis verstärkten, dass die zugrunde liegende Gesinnung eine doppelte Moral aufrecht erhielt. Für

---

4. Sandra Schneider, Beyond Patching: Faith and Feminism in the Catholic Church (New York: Paulist Press, 1991), 15.

viele war es weniger dramatisch: sie stellten bei Versammlungen fest, dass die Ideen der Frauen übergangen wurden, während der gleich Vorschlag, wenn er von einem Mann kam, begrüßt wurde; oder eine Enkelin, die fragte warum es für Jungen sieben Sakramente gab und nur sechs für Mädchen und warum sie nicht Priesterin werden konnte.

Manche haben ihre Haltung geändert, nachdem sie das neue Leben gesehen haben, das Männer erfahren, wenn sie herausgefordert sind, an der Elternrolle Anteil zu nehmen oder bewusster mit ihren Emotionen umzugehen, beides Dinge, die früher als Verantwortung der Frau angesehen wurden. Das legt nahe, dass jede Veränderung eine Überlagerung mit Emotionen mit sich bringt: Verletzung, Frustration, Zorn oder Begeisterung über neue und bisher ungeahnte Möglichkeiten. Manchmal rührt die scharfe Ablehnung, die andere davon abhält, sich der Bewegung anzuschließen, aus dem Schmerz des Missbrauchs, der Ausgrenzung oder der Unterdrückung. Manchen Strömungen des Feminismus mangelte es an Tiefe; manche scheinen auf dem verzerrten Anspruch zu beruhen, dass Gleichberechtigung bedeutet, ,Macho'-Verwaltungspraktiken oder sexuelle Gewohnheiten zu imitieren, die weder sich selbst noch den anderen respektieren. In der Bewegung finden sich jedoch zahlreiche Gruppen von Frauen und Männern, die sich für die Ziele der Gleichberechtigung engagieren und die die Probleme weiterhin in kreativer und lebensspendender Weise angehen. Sie werden oft als zornig bezeichnet, da es weniger herausfordernd ist, ihre Leidenschaft als Zorn abzutun, statt sich mit der Wahrheit ihrer Anliegen auseinanderzusetzen. Der Themenkatalog ist beängstigend. Wie oft beobachtet wurde, ist es nicht eine ,man füge Frauen hinzu und rühre um' Veränderung, die hier gebraucht wird. Die Feministinnen bieten ein alternatives Vorgehen das Frauen und Männern kreative Möglichkeiten bietet. Mut und Sensibilität für die kulturellen Zusammenhänge sind nötig, sowohl um das Problem aufzuwerfen, als auch um mit Offenheit darauf zu reagieren.

Der Feminismus erhielt nach dem zweiten Weltkrieg einen neuen Impuls, als in der Charta der Vereinten Nationen die Menschenrechte festgeschrieben wurden. Im Gefolge des Krieges, als man von Frauen erwartete, die Interessen und Berufe wieder aufzugeben, die sie aufgenommen hatten, als die Männer weg waren, wurden die Ungleichheiten, die im System steckten, deutlicher sichtbar. Beim Vatikanum II konnte Papst Johannes diese Frauenbewegung, die forderte, dass ihre Rechte und ihre Fähigkeiten in der Öffentlichkeit anerkannt werden, als eines der drei wichtigsten Zeichen benennen, dass der Hl. Geist in unserer Welt am Werk ist. In dieser Dekade wurde die Empfängnisverhütung leicht möglich und die Entscheidung über die Kinderzahl veränderte die Beziehungen in den Familien ebenso wie die Macht der offiziellen Kirche, die persönlichen Entscheidungen von Paaren hinsichtlich der Intimität des Familienlebens zu kontrollieren.

Christlicher Feminismus: die Verbindung von Theorie und Praxis

Sind christliche Feministinnen nur Nachahmerinnen des säkularen Trends? Wenn man die besten theologischen und exegetischen Werke liest, die von christlichen Feministinnen geschrieben wurden, wird klar, dass das, was ihnen wichtig ist, tief in der Heiligen Schrift und in einer tiefen Hingabe an den Gott unseres Herrn Jesus Christus verwurzelt ist. Manche Feministinnen kamen zu der Entscheidung, dass unsere Tradition unverbesserlich patriarchalisch ist und verließen die christliche Kirche um der Gesundheit ihrer Psyche und ihrer Seele willen. Viele andere setzen sich weiterhin mit den Texten, den Lehren und Praktiken der Kirche auseinander: Als Fragende die danach suchen, für Frauen und Männer Samenkörner der Schönheit und lebensspendende Möglichkeiten zu entdecken in ihrer Beziehung zu Gott, zur Gesellschaft und in der Sorge für unsere Erde.

Solch eine Gesundung ist ein komplexes Geschehen. Weil das Christentum eine Religion des Wortes ist, sind die heiligen Texte das Herz der christlichen Identität. Geduldige Kleinarbeit ist nötig, um die fraglos vorhandenen kulturellen Einflüsse aus ihnen herauszufiltern und gleichzeitig auf den Kern der Botschaft zu hören und zu erkennen, dass dieses Wort auch in der Beurteilung der Haltungen und Annahmen unserer Zeit gültig sein kann. Die patriarchische Haltung, die einem großen Teil der christlichen Theologie innewohnt, mit ihren Thesen darüber, wer Macht haben sollte und wie die Macht ausgeübt werden kann, über die geringeren Fähigkeiten oder den begrenzen (Familien)Kreis, der Frauen zukommt, muss sorgfältig analysiert werden, damit das ganze Machwerk nicht zu Gift für die Frauen wird.

Für Theologinnen und Theologen liefern das Leben Jesu, der Frauen als gleichgestellte Jüngerinnen willkommen hieß und die Praxis der jungen Kirche Beispiele von Gegenseitigkeit und Gleichheit. Exegeten erkennen an, dass die junge Kirche ‚Gemeinschaften gleichgestellter Jüngerinnen und Jünger' hatte, Frauen und Männer in Ämtern (Frauen als Apostelinnen, Diakoninnen, Mitarbeiterinnen, Prophetinnen, Haushaltsvorstände,

Lehrerinnen, Missionarinnen). Das war eine Herausforderung für die pa-
triarchalischen Haltungen und die sozialen Strukturen dieser Zeit.

In der christlichen Lehre von Gott als Dreifaltigkeit stimmte das Konzil
von Chalzedon darin überein, dass die drei Personen gleich, voneinander
unterschieden und doch eins in der Liebe waren. Theologen, die das für die
heutige Zeit erforschen, haben die Aufmerksamkeit auf die Gemeinschaft
gelenkt, die im Herzen Gottes zu finden ist, die Gleichgestelltheit
und Gegenseitigkeit, die Herrschaft ausschließen, die Einbindung des
anderen, die menschliches Leben und die reiche Vielfalt des kosmischen
Lebens in einer ständig wachsenden liebenden Umarmung umschließen.
Diese Lehre scheint auf einen neuen Weg hinzuweisen, auf dem wir
unsere Gemeinschaften formen können. Andere, die mit der Theologie
der Sakramente arbeiten, haben Wege aufgezeigt, die Dualismen
anzusprechen, die die westliche Weise die Welt und die Beziehungen in
ihr zu interpretieren verfolgt haben. Dualismus, obwohl wesentlich für
das Denken der alten Griechen, steht dem ganzheitlichen Versprechen
der Menschwerdung klar entgegen.

Christliche Anthropologen versuchen ihre Sichtweise von der
Geschlechterrolle zu formulieren, die Unterschiede zulässt ohne jedoch
der Versuchung zu erliegen, Männer und Frauen in einer stereotypen
Weise darzustellen, die den Fähigkeiten beider enge Grenzen setzt.
Moraltheologen und solche, die Spiritualität lehren bringen, ganzheitliche
Erkenntnisse aus der Erfahrung der Frauen in diese Disziplinen ein. Sie
sind sich bewusst, dass Vieles aus der begrenzten Perspektive von zölibatär
lebenden Männern formuliert wurde. Die Rolle des Heiligen Geistes in
der Kirche wird zurück geholt; sowohl Christus als auch der Heilige Geist
begründen die Kirche, letzterer ist erkennbar in Prophezeiung, Heilung,
Führung und Weisheit, die oft auch außerhalb des stärker strukturierten
Rahmens der offiziellen Kirche, des ‚Leibes Christi' zu finden sind. Das
Wirken des Geistes ist auch in unserer Welt zu erkennen. Er fordert
unseren Missbrauch der Natur heraus ebenso wie unsere Konsumhaltung,
die zur Umweltzerstörung beiträgt. Das Wirken des gleichen Geistes kann
auch in anderen religiöse Traditionen erkannt werden.

Auf all diesen Gebieten stellen christliche feministische Theologen
kreative und kritische Beiträge zur Verfügung. Sie weisen darauf hin,
dass hierarchische Strukturen, eine hierarchische Mentalität und
Theologie den liebenden Dienst am Reich Gottes, wie er uns von Jesus
gezeigt wurde, möglicherweise nicht widerspiegeln können und für die
Evangelisation in unserer Welt heute kontraproduktiv sind. Damit treten

sie nicht für Anarchie ein, weisen aber darauf hin, dass einige der aktuellen Strukturen eher das kaiserliche Rom oder eine mittelalterliche Monarchie widerspiegeln als eine trinitarische Theologie der Gemeinschaft. Sie fordern die Kirche auf, sich an ihre tiefsten Einsichten zu halten und sich von Sexismus abzuwenden und von der Gewalt, die er hervorgebracht hat. Sie fordern dazu auf sowohl Frauen als auch Männer zu einer vollen menschlichen Partnerschaft zu befreien.

Viele Führungsrollen in der Kirche sind an männliche Priester gebunden. Die Tatsache, dass nur Männer der Eucharistie vorstehen dürfen, schafft neue Probleme. Wenn es in einigen Gebieten kleine Anpassungen gegeben hat, liegen sie entweder außerhalb des kanonischen Rechts und können von einem nachfolgenden männlichen Amtsträger abgeschafft werden, oder die teilnehmenden Frauen werden ausgewählt, weil sie bereit sind, sich der offizielle Linie unterzuordnen. In dem Maß, wie die Zahl der Bewerber für das Priesteramt in westlichen Ländern abnimmt, wird es problematischer, Pfarreien pastoral und spirituell zu versorgen. Noch verhängnisvoller ist der deutliche Schwund von Frauen, Familienmüttern und jungen alleinstehenden Frauen aus den Reihen der Kirchgänger. Werden sich in der nächsten Generation noch aktive Katholiken finden, wenn sie gehen?

Es ist leichter, zu kritisieren als sich neue Wirklichkeiten vorzustellen oder sie aufzubauen. Jedoch drücken sich feministische Theologinnen zusammen mit anderen nicht um diese Aufgabe. Sie erkennen, dass ein langer und heikler Prozess nötig ist, um eine Wandlung der Einstellung und nicht nur eine Anpassung an die Zeit zu erreichen. Feministische Theologie ist oft verbunden mit einer Theologie, die die Nöte der Armen und unterdrückten Menschen und die unseres ernsthaft gefährdeten Ökosystems formuliert. Wir brauchen einen gegenseitigen kritischen Dialog zwischen Bibelwissenschaft, der Hauptströmung der Theologie, kirchlichen Strukturen und den wachsenden sozialen und theologischen Fragen und Sorgen. Obwohl ein Teil des Dialogs schon stattfindet, kann es so scheinen, als sei er in einem geschlossenen Kreislauf. Manche ignorieren ihn einfach und die größere Gemeinschaft oder sogar die, die die Kirche noch besuchen, hören ihn gewiss nicht.

Theologinnen sind besonders wachsam im Hinblick auf die Sprache. Es ist selbstverständlich, dass die Frauen, die in der betenden Gemeinschaft anwesend sind, nicht in männliche Pronomen oder Nomen angesprochen werden können. Weniger bewusst ist uns, dass die wesentlichen Symbole unseres Glaubens, insbesondere die Sprache, mit der wir von Gott sprechen, die Illusion aufrecht erhalten kann, dass die Männer irgendwie mehr ‚Abbild Gottes' sind als Frauen. Wenn wir von Gott immer mit maskulinen Nomen und Pronomen sprechen, begrenzen wir Gott ernstlich. Tatsächlich wird Männlichkeit zum Idol, sie verwirrt unsere Vorstellung von Gott; wir bilden Gott im Bild des Mannes ab, statt dass wir zulassen, dass wir Gottes Abbild sind. Wenn unser ganzes Sprechen von Gott Vorstellungen wie König, Herrscher, allmächtig, machtvoll aufrecht erhält, dann negieren wir nicht nur die Verwundbarkeit Gottes, die sich am Kreuz zeigt, sondern wir sehen in diesen Vorstellungen Ideale, die uns formen, wenn wir uns als Kirche organisieren. Elisabeth Johnson schreibt:

> ‚Das Symbol von Gott wirkt. Es ist weder inhaltlich abstrakt noch neutral in seiner Wirkung. Das Sprechen von Gott fasst die Vorstellung einer Glaubensgemeinschaft vom höchsten Mysterium zusammen, einigt sie und drückt sie aus. Es beeinflusst die Weltanschauung, die Ordnungsstruktur, die sich daraus ergibt und die begleitende Orientierung menschlichen Lebens und menschlicher Hingabe.'[5]

Die australische Exegetin Elain Wainwright stellt klar fest:

> ‚Die vorherrschenden Bilder von Gott in männlichen Metaphern—Krieger, König, Ehemann und viele andere— kodieren und teilen eine Weltanschauung, die patriarchal ist: Männer haben Macht über Frauen, Kinder und Eigentum.'[6]

Die heilige Schrift bietet eine viel breitere Palette von Möglichkeiten und heutzutage werden Gebete verfasst, die diese Bilder nutzen und so die ständige Herausforderung des ‚Andersseins' Gottes respektieren.

Während akademische Theologen die Tradition auf die oben genannte Weise zurückholen, schaffen andere Frauen neue Möglichkeiten durch ihr Handeln. Wie oben gesagt, sind sie in unterschiedlichen geistlichen Ämtern zu finden—obwohl einige offizielle Dokumente hartnäckig darauf bestehen, dass geistliche Ämter per definitionem auf Ordinierte begrenzt sind. Studien haben gezeigt, dass eine bedeutende Anzahl von Frauen neue Wege gegangen sind, indem sie Führungsteams aufgebaut

---

5. Elisabeth Johnson, She Who Is (New York: Crossroad, 1992),4.
6. Elaine Wainwright, ‚What's In a Name? The Word that Binds/the Word that Frees', in Freedom and Entrapment (Melbourne: Collins Dove, 1995), 100-19.

haben statt einsamer Leitungsformen. Nicht alle Frauen können das gut aber viele stellen fest, dass sie damit größere Unterstützung finden und ein Gefühl von Zugehörigkeit aufbauen. Die Weigerung, Frauen zu traditionellen Rollen zuzulassen erweitert also faktisch den Spielraum und die Praxis von geistlichen Diensten an der Basis. Glaubensgemeinschaften finden in Menschen mit unterschiedlichem Hintergrund und aus unterschiedlichen Lebensformen die vielleicht bedeutendsten Mitglieder für den Aufbau und die geistliche Nahrung der Pfarrei.

Diese Welle von Neuem bringt jedoch unzählige Frustrationen und Mehrdeutigkeiten mit sich. Solche Frauen, die Veränderung begrüßen, finden sich kompromittiert. Sie glauben an das Evangelium und sie möchten zur Kirche gehören und für Veränderung in ihr arbeiten. Jedoch ist es schwer die Redlichkeit zu bewahren, obwohl sie das Gefühl haben mit einem ungerechten System zusammen zu wirken. Wenn sie ohne eine offizielle Anerkennung ihrer Rolle hinter den Kulissen bleiben, halten sie weiterhin eine patriarchalische Struktur aufrecht, die kein Leben spendet. Nach Anerkennung zu streben kann aber bedeuten, den Sinn für den Dienst zu verlieren, der das wirkliche geistliche Amt zum Leben bringt. Ständige Unterscheidung in jeder Situation ist nötig. Einer Frau zuzuhören, die in einer kleinen Gruppe das Evangelium lebendig werden lassen kann, die aber in der Kirche nicht predigen darf, und dann während einer nichtssagenden Predigt neben ihr zu sitzen, ist gelinde gesagt frustrierend. Bei einem sterbenden Patienten zu sein, seine Lebensgeschichte mit allem Versagen und allen Sorgen zu hören und nicht in der Lage zu sein, die Absolution zu erteilen oder die Krankensalbung zu spenden—oder sogar einen Priester zu finden, der kurzfristig kommen kann—kann herzzerreißend sein und alles untergraben, was wir darüber lehren, dass die Sakramente in der Erfahrung des Lebens gründen. Wenn die Eucharistie in einer Gruppe von einer Person gefeiert wird, die nicht von ihren Erfahrungen betroffen ist und nur ‚den Ritus durchführt‘, ist das selten eine Erfahrung der Eucharistie als ‚Quelle und Höhepunkt‘ des Lebens, besonders wenn andere in der Gruppe sind, die der Feier leicht vorstehen könnten.

Diese Themen fordern die ganze Kirche heraus. Sowohl die Haltung der Frauen als auch die der Männer verändert sich. Diese bedeutende Veränderung im Geschlechtsverständnis wird nicht verschwinden. Es wird Zeit, damit zu beginnen, sich mutig mit der Geschichte und der Theologie auseinander zu setzen, und was noch wichtiger ist, mit der Praxis der Kirche. Die Ortskirchen haben es versucht: Die Bischofskonferenz der

USA hat an einer Erklärung gearbeitet, aber die Spannung zwischen den Ansichten des Vatikans und dem, was Nordamerika tatsächlich bewegte, war zu groß. Die australische Bischofskonferenz nahm einen anderen Kurs; sie beauftragte Soziologen mit einer Umfrage, um herauszufinden was Frauen (und Männer) über die Mitwirkung der Frauen in der Kirche dachten. Das Ergebnis enthüllt eine Kluft, die mitten durch die Kirche geht. Es geht nicht nur um die Mitwirkung der Frauen (oder den Mangel von anerkannten Möglichkeiten das zu tun), um eine Sprache, die sie einbezieht oder um die Lehre, die die Erfahrung von Frauen ignoriert. Es geht auch um das Verständnis von Gott, um die aktuelle biblische Forschung, um Führungsrollen und vieles mehr. Es ist aber für die Ortskirchen schwer, kreativ darauf zu antworten, selbst wenn sie es wollen, wenn sie damit mit der zentralen Organisation der Kurie in Konflikt geraten. Wenn sich nichts verändert, wird der stille Auszug guter Menschen aus der Kirche weiter gehen.

Mary Wards Weg

Wenn man etwas über Mary Wards Leben liest, wird schnell klar, dass sie eine solide Vorstellung davon hatte, welche Kompetenzen und spirituellen Gaben Frauen in die Seelsorge einbringen würden. Wenn man ihren Hintergrund bedenkt, ist das nicht überraschend. Sie sah die Nöte; sie gründete eine Gruppe, die die Mittel hatte, ihnen zu begegnen. Dann arbeitete sie dafür, dass dieser neue Weg anerkannt und amtlich zugelassen wurde. Wir haben schon über ihre Widerstandskraft angesichts abfälliger Bemerkungen und unterdrückenden Maßnahmen der kirchlichen Autorität berichtet. Hier wollen wir nur ein paar Einsichten gewinnen, für diejenigen, die daran arbeiten die Rolle der Frauen in der Kirche zu fördern.

Mary Ward ist eine der vielen Frauen, die die Ansicht, dass christliche Feministinnen heutzutage von einer weltlichen Bewegung verführt worden sind, widerlegen. Ihrer Geschichte könnten andere christliche Frauen zugefügt werden, die durch die Jahrhunderte hindurch die männliche Auffassung von ihrem Wert und ihren Fähigkeiten herausgefordert haben. Das Johannesevangelium stellt klar fest, dass Jesus zuerst Maria Magdalena erschienen ist und sie dann als Apostel zu den Aposteln gesandt hat. Die apokryphen Evangelien deuten darauf hin, dass St Peter ziemlich bestürzt darüber war, dass eine Frau für diese bedeutende Rolle ausgewählt wurde. Während die frühe Kirche mit einer Vielzahl von Rollen für Frauen aufblühte, wurden diese geopfert, als die Kirche sich den Erwartungen der römischen Gesellschaft anpasste und schließlich Formen der kaiserlichen römischen Organisation übernahm. Im 7. Jahrhundert stand Hilda von Whitby einer Synode von Bischöfen vor und fünf Jahrhunderte später war Hildegard von Bingen Äbtissin eines Doppelklosters, eins für Frauen und eins für Männer. Teresa von Avila, die sowohl die männlichen als auch die weiblichen Karmeliten reformierte, starb nur drei Jahre vor Mary Wards Geburt. Sie wurde zur gleichen Zeit heiliggesprochen wie Ignatius, während auch Mary Ward in Rom war. So bezeugt eine große Schar von Frauen die Gaben von Frauen und ihre Initiativen im Dienst der christlichen Gemeinschaft. Mary Ward hat einen Platz unter ihnen.[7]

Mary Ward ließ nicht zu, dass ihre Überzeugung, die auf der Erfahrung von Frauen gründete, unterminiert wurde. Bis zu ihrem Tod wusste sie, dass Frauen den Dienst tun konnten, den sie beabsichtigte, und sich auf die Weise, die sie plante, organisieren konnten. Sie erkannte, dass es wichtig war, klar zu argumentieren, wenn sie etwas Neues einführen wollte und sie tat das in ihren Eingaben. Sie unterstützte ihre Anträge mit ihrem Handeln und realisierte so vollständig wie sie nur konnte, ihre Weise des geplanten Vorangehens. Damit überzeugte sie die kirchliche Autorität nicht, denn deren Ideologie war stärker als ihre Offenheit der neuen Realität gegenüber, aber der neue Weg sprach andere Frauen an, die bei ihr blieben und ihre Vision auch noch nach ihrem Tod lebten. Sie war Teil eines langen Ringens und sie wusste, dass es schließlich geschehen würde, weil es Gottes Wille war. Sie drängt uns dazu, die Möglichkeiten zu nutzen, die sich uns bieten und immer wahrhaftig zu bleiben.

Der Grund für ihre Standhaftigkeit war ihre Sehnsucht, das Evangelium Christi zu verkünden. Das verhinderte, dass sie sich selbst in den Mittelpunkt stellte. Sie machte keine Zugeständnisse und hielt fest an ihrer zentralen Vision, statt auf geringere Vorschläge einzugehen. Sie ließ auch nicht zu, dass die Unnachgiebigkeit ihrer Gegner sie aus der Gemeinschaft der Kirche hinaustrieb. Sie arbeitete so viel sie konnte, aber sie verlor das große Ganze nicht aus dem Auge. Ihre Fähigkeit, auf das große Ganze zu vertrauen, kann uns helfen, gleichmütig zu bleiben, wenn einzelne Projekte zerstört werden. Ihr Sinn für Humor, ob er sich darin zeigte, dem Erzbischof von Canterbury in seinem Arbeitszimmer in England zu trotzen[8], oder mit dem Gefängnis in München fertig zu

---

7. Vgl Johannes Paul II: Mulieris Dignitatem.
8. Sie soll ihn besucht haben, nachdem er ihre Verhaftung angeordnet hatte und weil er nicht zu Hause war, soll sie ihren Ring benutzt haben, um ihre Initialen in seine Fensterscheibe zu ritzen, sozusagen als Visitenkarte! Vgl Mary Catherine Elisabeth

werden, —‚Seid fröhlich und zweifelt nicht an unserem Herrn'[9]"—war eine große Hilfe. Einer ihrer besten Grundsätze ist sicher dieser:‚in unserer Berufung ist ein heiteres Gemüt, ein guter Verstand und ein großes Verlangen nach Tugend notwendig. Das heitere Gemüt ist aber von allen dreien das Notwendigste.'[10] Sie beschreibt diejenigen, die ihre Arbeit untergraben und sie schlecht machen als ‚treue Freunde und Liebhaber unseres himmlischen Gewinns'.[11]

Wie oben gesagt lag eine zweite große Stärke in ihrer Überzeugung, dass dies Gottes Werk war und Gott deshalb für die Durchführung sorgen werde. Ihre Gemeinschaft war aufgehoben worden, aber sie glaubte weiterhin daran, dass ihre Zeit kommen werde. Angesichts solcher Unnachgiebigkeit weiter zu hoffen ist entweder ein Zeichen für Wahnsinn oder für die Erkenntnis, dass Gott das letzte Wort haben wird. Sie lädt uns ein, diese weite Perspektive anzunehmen, die ihr Mut und Freiheit gab, und uns den Sinn für Humor zu erhalten.

Ihre Überzeugung, dass sie recht hatte, bedeutete nicht, dass sie jedes Mittel benutzte, um ihr Ziel zu erreichen. Sie hielt sich an ihren eigenen Maßstab von Höflichkeit und Respekt. Sie dämonisierte ihre Feinde nicht, aber sie erlaubte es ihnen auch nicht, sie zu schikanieren. Sie berichtet, dass ihre Spione sie weiterhin ständig beobachteten, obwohl sie vom Vorwurf der Häresie freigesprochen worden war. Sie benutzte in ihren Nachrichten Codes oder schrieb sie mit Zitronensaft, um ihnen nicht in die Hände zu spielen, aber sie wandte sich weiterhin an die angemessenen Stellen, klopfte sozusagen immer noch an die Tür. Sie nahm die Worte Jesu ernst, ‚Liebt eure Feinde und betet für die, die euch verfolgen'. Ihr Leben zeigt ein tiefes Verständnis dafür, dass das Leben auf dem Kopf steht, wenn man Jesus ernsthaft nachfolgen will und sich dem Reich Gottes hingibt—das schon da ist, aber auch noch nicht, das von Gott abhängt, aber auch von uns.

Mary Ward gründete ihr Ringen in einer immer tieferen Beziehung zu Gott. Sie wandte sich an Gott, wenn sich die Dinge gegen sie wandten, wenn sie ratlos war; sie überprüfte, ob sie einem falschen Hinweis folgte,

---

Chambers: The Life of Mary Ward, volume 1 (London: Burns and Oates, 1882), 425-26.

9. M Immolata Wetter, Mary Ward in her Own Words (rome: IBMV Casa Generalizia, 1999), 157.

10. The Mind and Maxims of Mary Ward, Paternoster series 17 (London: Burns & Oates, 1958), 61.

11. Chambers, volume 2, 233

der dem entgegen stand, was Gott durch sie tun wollte. Diese Beziehung wird als Freundschaft verstanden. Sie schreibt aus dem Gefängnis, als all ihre Unternehmungen zerstört waren, ,es ist gut dem Freund aller Freunde zu gefallen und an den ewigen Werken zu schaffen, vor allem aber gänzlich und für immer unserem Meister zur Verfügung zu stehen'.[12] Es ist interessant, dass viele feministische Theologinnen heute diesen Gedanken von der Freundschaft mit Gott untersucht haben, der von einer Anzahl spiritueller Schriftstellerinnen früherer Zeit überliefert wird. Mary schreckte vor den harten theologischen Fragen nicht zurück. Einmal in Exerzitien fragte sie, wie Gott es zulassen kann, dass manche Menschen verloren gehen; sie erkannte, dass Gott alle Menschen liebt und jedem die Chance gibt, diese Liebe zu erwidern, aber dass Gott niemand zu einer Beziehung zwingen wird. Wahrscheinlich hat auch sie mit Gott darum gerungen, wie er zulassen kann, dass die Kirche in so manche prekäre Situation gerät, aber darüber haben wir keine Berichte.

Eine religiöse Gemeinschaft ist nicht eine einzelne Person. Als Einzelne hätte Mary für den Glauben der Familien in England arbeiten können, aber sie wollte, dass die Kirche diesen Weg, auf dem christliche Frauen sowohl Gott als auch dem Nächsten dienen konnten, anerkennt und bestätigt. Religiöse Gemeinschaften sind keine extra Optionen in der Kirche. Sie drücken eine Leidenschaft für Gott aus, sind aber auch ein Mittel, das notwendig zu sein scheint, wenn man auf lange Sicht Veränderungen in dieser Institution verfolgt. Ordensleben basiert auf einer gemeinsamen Vision, gegenseitiger Freundschaft und ist begründet in einer Beziehung zu Gott, aber seit Marys Zeit kann das mit dem Dienst *für andere* verbunden sein. Mary verließ sich darauf, dass ihre Freunde ihr mit Gebet, Freundschaft und Unterstützung beistanden, als ihre Vision artikuliert und in die Praxis umgesetzt wurde. Sie beschreibt sich selbst in einer Exerzitiennotiz als ,fähig zur Freundschaft'[13] und ihre Freunde reagierten in gleicher Weise. Ihre Gefährtinnen waren wesentlich in allen Stufen ihres Ringens und nicht am wenigsten in ihren letzten Jahren und im Nachhinein; all das wofür sie gearbeitet hatte wäre unerkannt und undokumentiert ausgestorbenen, ohne ihre Beharrlichkeit und der Beharrlichkeit derer, die nach ihnen kamen.

Mary hatte auch gute Beziehungen zu Männern. Ihre geistlichen Führer waren offensichtlich unterstützende Freunde, die sie sehr respektierten und ihre Sache in ihrer Gemeinschaft der Jesuiten trotz Opposition

---

12. Wetter, 159
13. Wetter, 65.

unterstützten. Auf ihren langen Reisen über die Alpen und durch Europa, waren ein Priester und ein Cousin von ihr ständige Gefährten. Robert Wright höchstwahrscheinlich der Sohn einer der Pulververschwörer, entschied sich dafür, sie als Diener zu begleiten. Seine Loyalität muss groß gewesen sein, denn es hätte keinen finanziellen Lohn für ihn gegeben. Freundschaft war etwas, was Mary Ward hoch schätzte: ‚Lass deine Liebe allzeit in Gott gegründet sein, und dann bleib deiner Freundin treu und schätze sie hoch, ja höher als dein Leben'.[14] Im Streben nach Veränderung ermöglichte so Freundschaft, sowohl zu Frauen als auch zu Männern, Lachen das den Ärger linderte und Liebe, die Energie schenkte, statt zu zerstören.

Mary war in der Lage, Prinzen, Bischöfen, Armen, Soldaten und Wirtsleuten zu begegnen und ihnen allen das Gefühl zu geben, geschätzt zu sein. Solche Liebenswürdigkeit kann jede Angelegenheit angenehmer machen und erinnert daran, dass ein übereifriges Eintreten für die Gleichberechtigung der Frau die Liebenswürdigkeit, die zur Veränderung einlädt, in den Schatten stellen kann. Viel Erfahrung stand hinter ihren Worten: ‚Wenn dir jemand Mühe macht, begegne ihm mit freundlichen Worten; denn so wirst du dich und ihn besänftigen.'[15] Gleichzeitig zeigt ihr beherztes Eintreten für die Erfahrung der Frau, für ihre Gleichheit und die Fähigkeit ‚große Dinge zu tun', dass Liebenswürdigkeit nicht mit Passivität gleichzusetzen ist. Vor allem glaubte sie, dass der Zugang der Frauen zu Gott, der dem der Männer gleich war, ihnen eine Beziehung bot, die garantiert zur Verwandlung führte, weil sie die ganze geschaffene Welt in diese Beziehung einbringen konnten, indem sie ‚alle Dinge auf Gott bezogen'. Sowohl ihre Liebenswürdigkeit als auch ihre Leidenschaft fordern uns Jahrhunderte später noch heraus.

Schließlich ruft uns Mary Ward zu Redlichkeit auf, d. h. dazu, ehrlich und offen über unsere Ziele und Anliegen zu reden. Sie würde wahrscheinlich nicht um das Wort ‚Feminismus' herumreden, weil es viel von dem beschreibt, was sie unterstützte, aber sie würde uns dazu herausfordern, sicher zu gehen, dass die Werte, die wir vertreten und die Strategien, die wir unter dieser Überschrift nutzen mit dem Evangelium übereinstimmen. Sie ruft uns zu der unglaublichen Freiheit, die Gott erlaubt im Mittelpunkt zu stehen, die das Ringen der Frauen in der Kirche in einen viel größeren Zusammenhang stellt—wie es das II. Vatikanum ausdrückt, ‚ein Zeichen für Gottes Liebe in der Welt zu sein'. Unsere Herausforderung

---

14. Vgl The Mind and Maxims of Mary Ward, 52.
15. Mind and Maxims, 51.

liegt darin, auszudeuten, wie man das am besten in einer multi-religiösen und nicht-religiösen Welt tun kann, als Frauen mit Frauen für das Allgemeinwohl. Ihr Engagement für gute Beziehungen dass wir Menschen sind, ‚die die Wahrheit suchen und die Gerechtigkeit tun' würde nicht zulassen, dass Fragen der Gerechtigkeit für Frauen oder andere Fragen der Gerechtigkeit in der Kirche und der Welt unter den Teppich gekehrt werden; sie würde aber von uns fordern, dass wir uns nach dem Ruf des Evangeliums richten, ‚unsere Feinde zu lieben'.

Mary wollte den Menschen in England und später auf dem europäischen Kontinent auf ihrem Glaubensweg helfen. Ihr wurde klar, dass man den Frauen das Recht einräumen musste, an dieser Aufgabe teilzunehmen, um sie erfolgreich zu lösen. Das größere Bild mit der Vision des Evangeliums, verhinderte eine Besessenheit von nur einem Thema, das sie davon ablenken konnte, alles auf Gott zu beziehen und schließlich Gott zu erlauben, Gott zu sein. Ihre Leidenschaft für Wahrhaftigkeit wird gut ausgeglichen durch ihre Fähigkeit, über sich selbst zu lachen und das Ergebnis Gott zu überlassen. Die eigene Vision oder die Kirche nicht aufzugeben ist schwierig. Das war es für sie und für uns. Diejenigen, die weiterhin zu der Gruppe von Frauen stoßen, die sich unter Mary Wards Fahne zusammenfinden, diejenigen, die in Schulen unterrichten, die Mary Ward als Modell in der Nachfolge Jesu und des Evangeliums ansehen, können dieser Herausforderung nicht ausweichen, solche Qualitäten in uns selbst und in den jungen Menschen, die wir erziehen, zu fördern.

Kapitel Neun
Evangelisierung Heute

Die göttliche Liebe ist wie ein Feuer, das sich nicht einschließen lässt; denn es ist unmöglich Gott zu lieben, ohne
sich zu bemühen, seine göttliche Ehre auszubreiten.[1]

Mary Ward

Kann das Evangelium unserer heutigen Welt eine frohe Botschaft
verkünden? Diese Frage ist für Christen wesentlich. Kann das was wir
anbieten, in einer Welt voll religiöser Pluralität Leben bringen? Wie bieten
wir es an? Wenn wir nicht selbst daran glauben, dass das Evangelium
es uns ermöglicht, die großen Probleme von heute mit einem neuen
Verständnis und mit Hoffnung anzugehen, dann ist unsere Verkündigung
nur ein Lippenbekenntnis. Wir selbst müssen Sinn finden, in dem was
wir glauben und unsere Beziehung zu Gott ins Zentrum unseres Lebens
stellen. In diesem Kapitel sollen einige Fragen aufgeworfen werden, die die
Vielschichtigkeit betreffen, wie das Evangelium des christlichen Glaubens
heute verkündet wird. Wir sind wohl öfter unsicher, wie wir unsere Zeit
aus einer christlichen Perspektive angehen.

Weil ein Kontrast helfen kann, den eigenen Standpunkt zu klären,
beginnen wir mit einem Rückblick auf eine Zeit, in der die Menschen
wirklich daran glaubten, dass das, was sie verkündeten, letztgültige Bedeutung hatte. Die Zeit, in der Mary Ward lebte, zeigt die hellen und
die dunklen Seiten des Glaubens. Wir wollen auch einige Wege aufzei-
gen, in denen unsere gegenwärtige Welt mit all ihren Widersprüchen für
Erkenntnisse des Evangeliums offen sein kann und dann eine Diskussion
darüber beginnen, welche Wege Christen verfolgen können.

---

1. The Mind an Maxims of Mary Ward, Paternoster series 17 (London: Burns & Oates,
   1958),46.

Eine Angelegenheit von Leben und Tod

Die Frage, was wir der Welt zu bieten haben, ist besonders für diejenigen von uns angemessen, die einer apostolischen religiösen Gemeinschaft angehören, einer von jenen Frauen- und Männergemeinschaften, die sich dazu verpflichtet haben, das Evangelium Jesu Christi in der sozialen Welt in der wir leben, zu verkünden. Der springende Punkt unseres Lebens ist es, apostolisch zu sein: wir sind gesandt, das Evangelium im Wort und in unserem Tun zu verkünden. Mary Ward war eine der Vorkämpferinnen dieser Lebensform. Ihr Ziel war ‚die Verteidigung und Verkündigung des Glaubens‘ und Häretiker zum Glauben zurückzuführen mit den Mitteln, die in einer bestimmten Zeit oder an einem bestimmten Ort, wo ihre Gefährtinnen arbeiten mochten, als geeignet angesehen wurden. Sie lebte in einer Zeit, in der die Bedeutung des Glaubens nicht hinterfragt wurde. Nicht nur ihre Gefährtinnen waren überzeugt, dass Jesus entscheidend wichtig war; sie waren bereit, für ihre eigene Version des Christentums zu sterben. Im 16. und 17. Jahrhundert wurden über 5000 Personen aus verschiedenen Glaubensrichtungen zu Märtyrern für ihren Glauben. Darin sind Tausende von Männern nicht eingeschlossen, die in Kriegen starben, für Prinzen kämpften, die die Fahne des Glaubens hoch hielten oder die Frauen und Kinder, die vergewaltigt und getötet wurden, verhungerten oder in diesen Kriegen und Aufständen vertrieben wurden.[2]

Diejenigen, die für ihren Glauben starben, drängten sich nicht wie Lemminge zum Martyrium. Die Theologen warnten davor, zu glauben man habe die Kraft zum Martyrium. Es lag in der persönlichen Verantwortung des einzelnen, eine Gefangennahme zu vermeiden. In England nahm der Großteil der Bevölkerung, vielleicht zunächst widerwillig aber letztendlich trotzdem, die protestantische Form des Glaubens an.[3] Viele andere, die katholisch blieben, passten sich so wenig wie möglich an, um ihr Leben und ihr Familienerbe zu erhalten.[4] Das Leben um des Glaubens

---

2. Diese Zahl schließt auch die jüdischen und mancherorts islamischen Märtyrer nicht ein; Christen die in Asien oder Nord–oder Südamerika getötet wurden; einheimische Völker, die sich weigerten ihre religiösen Praktiken aufzugeben. Brad S Gregory, Salvation at Stake: Christian Martyrdom in Early Modern Europe (Cambridge, Massachusetts and London, England: Harvard University Press, 1999), untersucht das Martyrium in den verbreitetsten Konfessionen und zeigt Ähnlichkeiten und Unterschiede auf.
3. Vgl Eamon Duffy, The Stripping of the Altars 1400-1580 (Yale University Press: 1992).
4. Vgl Alexandra Walsham, Church Papists: Catholicism, Conformity and Confessional Polemic in Early Modern England (Suffolk: Royal Historical Society, 1993).

willen zu riskieren, war eine persönliche Entscheidung.⁵ Märtyrer standen in Rechtschaffenheit vor Gott ‚Taten sagen mehr als Worte. Und nur
wenige Worte sind dramatischer als die Bereitschaft um seines Glaubens
willen zu sterben.'⁶

> ‚Märtyrer waren außergewöhnlich in ihrem Verhalten, aber
> nicht in ihrem Glauben und ihren Werten.' Sonst, ‚hätte eine
> Haltung zum Martyrium—wie die Bedeutung zeitlicher
> Belange in der Hoffnung auf ewigen Lohn zurückzusetzen
> —nicht so eine weite Verbreitung gefunden; und Glaubens-
> genossen hätten ihre Märtyrer nicht so begeistert als Vor-
> bilder verteidigt, denen andere folgen sollten'.⁷

Ihr Verhalten spiegelte den Glauben, dass das Leben nach dem Tod ewig
war und von den Taten in diesem Leben abhängig war. Der physische Tod
wog weniger schwer als das Leben mit Gott. Fast jede Kirche hatte im
späten Mittelalter ein großes Gemälde vom jüngsten Gericht über einem
Altar. Wie man hier lebte war keine Nebensache: das Resultat war Himmel oder Hölle.

> ‚Vor allem für die Märtyrer waren Gott, Satan, Sünde,
> Gnade, Himmel, Hölle und ähnliches überhaupt kein nur
> „symbolisches" Reich—im Gegensatz zu dem Bereich des
> „Realen" oder „Materiellen". Sie waren direkt geoffenbarte
> Realitäten und als solche realer als der flüchtige zeitliche As-
> pekt ihres Lebens.'⁸

Diese Sicherheit hatte Auswirkungen auf ihre Prioritäten. Für diejenigen,
die als Märtyrer starben und für die, die ihren Tod feierten, war der religiöse Glaube und nicht der politische Gewinn die Motivation. Wenn es
sich, wie in der Pulververschwörung, um politisch motivierten Terror-

---

5. Vielleicht geht es den echten Informanten heute ähnlich; sie riskieren eine Menge um,
   korrupte Praktiken aufzudecken. Viele werden zu Opfern ihrer Redlichkeit, verlieren
   ihre Familie und ihre Karriere. Während wir sie bewundern, hoffen doch die meisten
   von uns, nicht in eine solche Situation zu kommen.
6. Brad S Gregory, Salvation at Stake: Christian Martyrdom in Early Modern Europe
   (Cambridge, Massachusetts and London, England: Harvard University Press, 1999),
   15.
7. Gregory, 8.
8. Gregory, 10.

ismus handelte, wurden die, die versuchten diese Gräueltaten zu begehen, nicht als Märtyrer verehrt. Menschen, die heutzutage alles für ihren Glauben an Gott riskieren, sind oft Fanatiker. Ihre Selbstaufopferung, in der sie andere Leben mit dem eigenen töten, ist eine Protestäußerung. Jedoch die Bewunderung für ihren Mut entspricht in keiner Weise der Abscheu, die wir über ihre eindimensionale Missachtung des Lebens empfinden; ihre Gewalttätigkeit begeht Verrat an dem tiefen Empfinden für Gott, der von allen großen Glaubensrichtungen angebetet wird.

,Es gibt nichts, was mitleidloser und so unbewusst grausam ist, wie Wahrheitsliebe, die als Dogma formuliert wird', ist eine Warnung, die im Oxford English Dictionary beim Gebrauch des Wortes *Aufrichtigkeit, Wahrheitsliebe* zitiert wird. Wenn die religiöse Überzeugung sich mit Macht verbindet, ist das Ergebnis dämonisch und nicht göttlich. Weil der religiöse Glaube so tiefe und unvollständige Energien anzapft, kann nur eine schmale Grenze rückhaltlose Hingabe von fanatischem Eifer trennen. Wie wir heute nur zu gut wissen, können skrupellose Führer in allen Religionen diese Energien anzapfen, mit religiöser Rhetorik nationale und politische Ziele verfolgen und Handlungen provozieren, die den Grundsätze aller großen Glaubensrichtungen entgegenstehen.

Die Leidenschaft, die in der Zeit der Reformation so intensiv entbrannte, hinterließ ihre Spuren in der westlichen Seele. Nach und nach verstanden wir die Vergeblichkeit solcher Rivalität, Verdächtigungen und Missverständnisse nahmen ab. Langsam lernten die Menschen, mit Unterschieden zu leben. Die wachsende ökumenische Zusammenarbeit und der gegenseitige Respekt, die wir am Beginn des 21. Jahrhunderts erben, ist ein Geschenk, das nach dem kalten Krieg zwischen den Kirchen in den vorhergehenden Jahrhunderten, ergriffen werden muss. Jetzt schauen wir zurück und fragen uns, wie die Menschen solche Dinge tun konnten oder warum sie glaubten, dass solche extremen Maßnahmen notwendig waren. Es ist interessant zu bemerken, dass die Schriften Mary Wards keine Polemik gegen Häretiker enthalten. Ihr eigener Standpunkt war klar; sie arbeitete daran, andere zum katholischen Glauben zurück zu bringen und trauerte um jene, die an dem anderen Weg festhielten, aber nirgends finden sich Schmähungen gegen die, die einen anderen Glauben leben.

Aus berechtigter Angst vor jener Mischung aus religiösem Eifer und politischer Kontrolle, haben wir im Westen Systeme aufgebaut, sie sicher stellen, dass die Macht der Kirchen streng von der Legislative, Exekutive und Judikative des Staates getrennt ist. Eine Revolution im Denken des 17.

und 18. Jahrhunderts schob die Religion als irrelevant für das intellektuelle Leben beiseite und überließ es der Wissenschaft und der Technologie, unsere Kultur zu formen. Wir lernten mit Unterschieden zu leben, indem wir jeden Bezug zur Religion aus der höflichen und intelligenten Konversation verbannten. In diesem Prozess wurde das Christentum jedoch neutralisiert und auf den Sonntag privatisiert und verlor seine Relevanz im Hinblick auf die täglichen Entscheidungen, die unser Leben formen. Ein Historiker der frühen Neuzeit fasst es eindringlich zusammen und er ist es wert, noch einmal zitiert zu werden:

,Das Engagement der unterschiedlichen Frommen begünstigte Entwicklungen, die sie alle beklagt hätten. Indem sie den religiösen Pluralismus entschieden ablehnten, trugen sie dazu bei, den religiösen Pluralismus zu einer Voraussetzung für eine stabile Gesellschaftsordnung zu machen. Weil sie darauf bestanden, dass die religiöse Wahrheit wichtiger war als alle zeitlichen Belange, trugen sie dazu bei, dass alle religiösen Erwägungen als irrelevant für die säkularen Angelegenheiten des modernen Staates angesehen wurden. Durch ihre Bereitschaft, für gegensätzliche Lehren zu sterben, die sie als starken Ausdruck von Gottes Willen verstanden, trugen sie dazu bei, die Kenntnis von Gottes Willen zu problematisieren und den Wert der Religion in Frage zu stellen. Unvereinbare, tief verstandene und konkret ausgedrückte religiöse Überzeugungen waren Wegbereiter einer säkularen Gesellschaft.'[9]

Das Pendel schwingt um

All dies mahnt uns, dass die Leidenschaft jener Zeit kein Modell ist, das nach Nachahmung ruft. Religiöser Glaube kann Heroismus erwecken, aber wenn er mit Intoleranz verbunden ist, kann er die Struktur der Gesellschaft zerreißen und genau den Glauben, den er verteidigen will, zerstören. Der derzeitige Aufschwung des religiösen Fundamentalismus, egal ob christlich, jüdisch oder islamisch, macht es für Menschen des Glaubens notwendig, dass sie sich dieser Gefahr äußerst bewusst sind und

---

9. Gregory, 352.

sicher stellen, dass religiöser Glaube nicht mit solch engen Verzerrungen identifiziert wird.

Die meisten Menschen in der westlichen Welt leben jedoch am anderen Ende der leidenschaftlichen Bandbreite. Wenn es um religiöse Fragen geht, ist das große Geschenk unserer Zeit die Toleranz, aber ist bloße Gleichgültigkeit die Kehrseite dieser Medaille? Selbst wenn wir nicht behaupten, absolut sicher zu sein oder anderen unseren Glauben aufzwingen, glauben wir, dass das Evangelium Jesu irgendetwas anzubieten hat? Die Theologin Rebecca Chopp behauptet, dass das Christentum nicht nur ein Korrektiv ist, sondern darauf hinzielt, die frohe Botschaft zu bringen, die die Welt erwartet und verwandelt.[10] Hat unser Glaube an Jesus Christus noch die Energie, von uns Engagement zu verlangen, selbst wenn es Schwierigkeiten mit sich bringt? Für welche Art von Engagement, welche Werte, welchen Glauben bin ich bereit zu leben, geschweige denn zu sterben? Wo würde ich standhalten, selbst wenn ich wüsste, dass das mein ganzes Leben verändern würde?

Unsere Bereitschaft, Unterschiede zu respektieren, hat uns demütiger werden lassen. Die Sicherheit früherer Zeiten ist vorbei, als die Christen zu anderen Kulturen gehen konnten und überzeugt waren, dass sie die Wahrheit brachten, die ganze Wahrheit und nichts als die Wahrheit. Wir wissen heute, dass die Menschen, denen wir das Evangelium brachten, ihre eigene Einsicht in die Wahrheit hatten, und dass unser Verständnis nur einen Teil umfasste und parteiisch war. Wir erkennen jetzt, dass das Evangelium, von dem wir behaupteten, es sei rein, untrennbar mit europäischem Imperialismus verbunden war. Menschen außerhalb der christlichen Gemeinschaft die christliche Botschaft zu verkünden, oder den katholischen Glauben anderen Konfessionen nahe zu bringen erscheint herablassend und arrogant. ‚Welches Recht habe ich, zu behaupten, dass meine Religion besser ist als seine oder ihre?' Junge Menschen leisten zusammen mit anderen freiwillige Arbeit bei Notstandsarbeiten oder Entwicklungshilfe, aber über eine missionarische Arbeit für die Kirchen denken sie nicht einmal nach.

Verteidiger der christlichen Lehre aus früherer Zeit versuchten, die Menschen mit intellektuellen Argumenten zu überzeugen, setzten eine philosophische Basis voraus, die der Kultur und der Sprache des 21. Jahrhunderts fremd ist und deshalb nicht überzeugt. In der australischen Gesellschaft jedenfalls scheuen sich viele gläubige Katholiken jeden Alters

---

10. Rebecca Chopp, The Power to Speak: Feminism, Language and God (New York: Crossroads, 1989),18.

mit anderen über ihren Glauben zu sprechen. Die Angst davor, den anderen den eigenen Glauben einzutrichten, ist größer als der Impuls, die Botschaft des Evangeliums mit anderen zu teilen. Ist sprachloses Schweigen die einzige Alternative zu unangebrachter Intensität?

Die wirkliche Annahme des Nächsten, im Gegensatz zu einer Nachsicht, die dem Nächsten ein Existenzrecht einräumt, ist eine Herausforderung. Die Fähigkeit, dem Nächsten mit Respekt zu begegnen, besonders dem Nächsten, mit einem anderen kulturellen Hintergrund, verlangt sowohl eine Geisteshaltung als auch eine Reihe von Fertigkeiten, die für den Frieden in unserer Welt und unserer Kirche wesentlich sind. Die oberflächliche Etikettierung des Nächsten als dämonisch, die Unfähigkeit, sich mit seiner Meinung zurückzuhalten und sich tatsächlich auf die andere Perspektive einzulassen, die Weigerung nachzugeben oder den Wert der Überzeugung des Nächsten zu überprüfen, diese Tendenzen flammen in Zeiten von Spannung auf. Aufmerksamkeit für jemand, dessen Ideen und Überzeugungen ganz andere sind als die unseren, erfordert einen besonderen Asketismus. Die meisten von uns kennen Menschen, die in anderen Kulturen aufgewachsen sind. Damit eine Beziehung wächst, braucht es Zeit, eine Mischung von wohlwollendem Zuhören, eindringlichen Fragen und Offenheit für unerwartete Antworten, die unsere eigenen Annahmen sehr wohl herausfordern können. Außerdem ist von unserer Seite her die Bereitschaft gefragt, über den Sinn unseres Lebens Rechenschaft abzulegen: es zu prüfen, zu überprüfen und zu riskieren, die Hoffnungen, Träume und Werte, die unser Leben leiten, mit anderen zu teilen.

Kulturelle Veränderungen

Etliche Leute haben darauf hingewiesen, dass unsere Zeit eine gewaltige Veränderung in der Wahrnehmung durchlebt, die nicht nur Einfluss darauf hat, wie wir den Kosmos betrachten, Beziehungen oder Gott, sondern all diese Dinge zusammen und manches darüber hinaus. So viele Annahmen sind heute im Wandel begriffen. Theoretiker haben das als Paradigmenwechsel bezeichnet. In der modernen Zeit stand die unabhängige Einzelperson im Mittelpunkt. Jetzt fangen die Menschen an, die Notwendigkeit von wechselseitiger Abhängigkeit wahrzunehmen und zu erkennen, dass die Einzelperson die Gemeinschaft braucht. Die Rechte des Einzelnen können nicht bestehen ohne irgendeine gemeinschaftliche Basis. Gesellschaften mit einer gemeinsamen Geschichte und Kultur haben sich oft in Intoleranz gegenüber anderen Lebensweisen vereinigt. Jetzt machen wir die Erfahrung der Unterschiedlichkeit. Können unterschiedliche Kulturen, Religionen, Lebensstile, Werte an einem geographischen Ort miteinander existieren? Und, was noch wichtiger ist, können wir von einer nationalen auf eine globale Perspektive umschalten, nicht nur ökonomisch sondern im Hinblick auf soziale Gerechtigkeit?

Die moderne Zeit befreite den Begriff ,Wahrheit' von der Abhängigkeit von religiöser Autorität; sie sah nur die wissenschaftliche Beweisbarkeit als zuverlässig an. Jetzt stellen wir fest, dass die Wissenschaft uns viel gegeben hat, aber nicht die Weisheit, unsere technische Kompetenz zu leiten. Die Menschen erkennen die vielen Facetten der Wahrheit und sind misstrauisch, wenn Führungskräfte oder Institutionen behaupten ,im Besitz der Wahrheit zu sein'. Gleichzeitig wurden Ehrlichkeit und Wahrhaftigkeit Opfer der Krankheit ,Meinungsmache der Medien' und der ,Ethik', dass der Zweck die Mittel heilige. Unkritischer Individualismus und das Vertrauen auf die Kräfte des Marktes haben den meisten Gesellschaften die Möglichkeit gegeben, herauszufinden, wie sie fast alles erreichen können, von der Schaffung individuellen Lebens bis hin zur völligen Vernichtung allen Lebens auf dem Planeten. Im Gegensatz dazu sind wir unfähig, uns darüber zu einigen, was das Gedeihen der menschlichen Gemeinschaft fördert und sind uns uneinig über die Werte, die unser gemeinsames Leben untermauern. Die Moderne gab die Religion und die spirituelle Suche auf, aber das Vakuum, das damit geschaffen wurde, ermutigt eine Anzahl von Menschen, nach einem gewissen Zusammenhalt von Werten, Lebensstil und Glauben zu suchen, nach einer Spiritualität, die sie durch das Leben begleitet und unterstützt.

Wir brauchen keine Forscher, um zu erkennen, dass sich etwas radikal verändert hat. Mit jedem Versuch des Westens, die Ungleichheit der Vergangenheit wieder herzustellen, indem sie auf die doppelte Macht von ökonomischer Dominanz und militärischer Macht setzen, sehen wir andere, die blinden Terror nutzen, um die Löcher in unserem ,Sicherheitskonzept' aufzudecken, oder wir sehen in Gesichter, die von Heimatlosigkeit und Hunger gezeichnet sind. Unser Kommunikationsnetzwerk macht uns die globale Realität klar, aber die angebotenen Lösungen funktionieren nicht, außer für die wenigen, die aus Waffenhandel oder aus globalen Unternehmungen, die die Schwächsten um des Profits willen ausbeuten, erstaunlichen Reichtum ernten. Terror sucht unsere Erde heim.

Auf nationaler Ebene bringt Gewalt, sowohl häusliche Gewalt als auch Gewalttätigkeit in der Stadt, Angst und Isolation hervor. Bettler in unseren Einkaufsstraßen und teure Sicherheitssysteme in unseren Häusern und Autos machen uns die Realität sozialer Ausgrenzung täglich klar. Wir schließen unsere Grenzen für Fremde—besonders wenn diese Fremden arm und ausgebeutet sind. Wir kaufen Wasser, weil die Flüsse verschmutzt sind. Wir fürchten die Verlockung von Drogen für unsere Kinder. Während wir mehr konsumieren stellen wir fest, dass die Medien, die das befürworten uns gleichzeitig beschimpfen, weil wir immer dicker werden. Beziehungen sind zerbrechlicher, das eigene Haus ein Wunschtraum und ein sicherer Arbeitsplatz gehört der Vergangenheit an. Welche Hoffnung können wir an die nächste Generation weitergeben?

Das ist ein negatives Bild, aber ein so weit realistisches. Um es auszugleichen, können wir auf die weltweite Sehnsucht nach Frieden hinweisen, die mit jeder Gewalttat, von der wir hören, wächst. Wir wissen, dass die alten Methoden nicht funktionieren, dass sich etwas ändern muss. Wir lernen ‚den Frieden zu wagen' und das ist weit entfernt von der Begeisterung für den Krieg, die dem 20. Jahrhundert entgegenschlug. Während ein lautstarker Rassismus die Angst vor Unterschieden verstärkt, erkennen heutzutage viel mehr Menschen den Wert anderer Kulturen und begrüßen ein Familienmitglied aus einer anderen Rassengruppe mit offenen Armen. Tausende von Menschen mit unterschiedlichem Hintergrund versammeln sich mit großer Übereinstimmung im Hinblick auf Themen der sozialen Gerechtigkeit, wie z. B. Versöhnung. Während der ökonomische Druck hoch ist, lässt eine wachsende Minderheit ihre Unzufriedenheit mit den falschen Normen laut werden, die er fördert.

Mehr denn je sind wir uns dessen bewusst, dass wir die Natur so beherrschen, dass wir uns selbst dadurch gefährden. Das Schicksal des brüchigen Netzes der Artenvielfalt auf diesem Planeten vereint besorgte Menschen aller Religionen—und keiner Religion—von allen Teilen des Globus. Das Programm der Menschenrechte hat eine gemeinsame Sprache bereit gestellt, um die willkürliche Handlungsweise selbst der mächtigsten Nationen und Führer zu kritisieren. Jedes Jahr leisten Tausende von Menschen freiwillige Dienste, um die Welt zu einem gerechteren Ort für die zu machen, die am Rand stehen oder zu einem, an dem sie besser leben können. Diese Liste kann weiter geführt werden und muss auch die gewöhnlichen Menschen einschließen, die Tag für Tag das wenige Gute tun, was sie für die vielen tun können, die ihnen über den Weg laufen. Auf der örtlichen und der globalen Ebene formen sie neue Bündnisse und arbeiten für das Gemeinwohl.

Was kann der christliche Glaube anbieten?

Wie passt der Glaube an Gott zu all dem? Ist er überhaupt noch von
Bedeutung? Was, wenn überhaupt etwas, bietet er denen von uns, die in
diesem chaotischen Wechselspiel gefangen sind, in dem Möglichkeiten
locken inmitten der Angst vor Vernichtung? Der Westen exportiert die
Idee, dass die Gesellschaft am besten funktionieren kann, wenn sie die
Religion beiseiteschiebt. Die Religion ist jedoch eng verbunden mit der
Kultur, und die herablassende Nichtachtung der Religion durch den
Westen hat eine Gegenreaktion hervorgerufen, in der die engste Spielart
religiöser Treue als Zeichen nationaler Identität gefördert wird. Angesichts
der Verwüstung, den dieser Fundamentalismus mit sich bringt, haben
viele in der westlichen Gesellschaft kein lebendiges Gefühl für eine
spirituelle Tradition, von der sie moralische Stärke gewinnen können. Sie
kennen kaum gemeinsame Werte, die helfen können Wege, die sie gehen,
zu überdenken und möglicherweise andere Alternativen zu finden. Viele
Regierungen, selbst in demokratischen Ländern haben einen brüchigen
Anspruch auf moralische Autorität. Wohin sonst können wir uns wenden?
Die Verbindung von organisierter Religion mit staatlicher Macht ist keine
Alternative, die sich viele Menschen wünschen würden. Von politischen
Führern zu erwarten, dass sie Wege finden, um die Probleme des täglichen
Lebens der normalen Menschen mit einem lebendigen Strom unserer
spirituellen Tradition in Einklang zu bringen, ist keine Antwort. In einer
Zeit, in der Mitwirkung als wesentlich erkannt wird, um Veränderung
einer Einstellung zu bewirken, scheint dieser Moment von uns Christen
eine größere Anstrengung zu verlangen, Lebensweisheit für uns selbst zu
gewinnen, indem wir das Evangelium mit den Dingen verbinden, die von
tiefer Bedeutung für uns sind. Damit könnten wir in der Lage sein eine
neue Perspektive in unserer Gesellschaft aufzuzeigen, die auf der Suche
nach einem neuen Weg ist.

Eine Stimme finden: Wer sollte sprechen?

Wenn Regierungen in einer schwächeren Position sind, um ein neues
Ethos von Fürsorge und Verantwortung zu formulieren, so gilt das auch
für die Kirchen. In der katholischen Kirche deuten die systemische Blind-
heit gegenüber sexuellem Missbrauch in der Vergangenheit, die Förde-
rung von zentraler Kontrolle im Widerspruch zu wesentlichen Themen
des II. Vatikanums, die Weigerung, sich ehrlich mit Fragen zu befassen,
die die gleichberechtigte Teilhabe von Frauen in der Kirche betreffen,

auf schwere Probleme mit Macht hin. In gewisser Weise haben wir die Unangemessenheit von Macht als Kraft auf Schauplätzen außerhalb der Kirche erkannt. Wir müssen noch lernen, wie wir die Macht des Geistes in der Kirche miteinander teilen. Indem wir uns mit Machtmissbrauch konfrontieren, können wir etwas darüber lernen, wie Jesus Macht ausübte. Macht ging von ihm aus, um den Fremden willkommen zu heißen, die Menschen an den Rändern zu heilen und hereinzuholen. Die entscheidende Notwendigkeit dieser Erforschung fordert alle in der Kirche zur Umkehr heraus. Führungskräfte sind nicht die einzigen, die in Modellen gefangen sind, die eher die Zeit des Mittelalters widerspiegeln als das Evangelium. Auf örtlicher Ebene sind alle Christen in der Lage, ihre eigenen Handlungen an den Werthaltungen des Evangeliums zu messen, ebenso wie die Haltungen unserer Kirche und die gesellschaftlichen Strömungen.

Damit der Glaube gedeiht, brauchen wir die Gemeinschaft der Kirche. Jeder Versuch, eine Splittergemeinschaft zu schaffen, ist heute unentschuldbar, weil die Geschichte uns den Skandal von Verbitterung und Trennung in christlichen Gruppen aufzeigt, die die Botschaft und Sendung Jesu geschwächt hat. Diese Sendung, die Verkündigung des Reiches Gottes, die Gottes Traum für die Welt angesichts unseres Widerstandes bestätigt, ist nur sinnvoll, wenn eine kirchliche Gemeinschaft sie verkörpert. Unsere Taufe nimmt uns auf in eine Beziehung zu Gott und zu anderen, die diesen Traum teilen. Wenn wir wollen, dass die Botschaft Jesu fortdauert, dann müssen wir daran arbeiten, unsere Gemeinschaften und unsere Welt zu verwandeln. Der einzige Ort an dem wir beginnen können, sind unsere eigenen Herzen und die örtliche Gemeinschaft, zu der wir gehören.

In katholischen Kreisen haben wir uns zu bequem auf die offiziellen Führungskräfte verlassen, die uns sichtbare Präsenz und eine hörbare Stimme gaben. Das hat oft zur Passivität geführt. Gute Kräfte werden Führungsrollen nur dann übernehmen, wenn sie eine lebendige Gemeinschaft sehen können, die sowohl eine gemeinsame Vision hat, als auch das Engagement an dieser Vision zu arbeiten. Wir können uns schwerlich den Luxus leisten, zu glauben, dass ein lebendiger und gewinnender Ausdruck des Glaubens in Worten und Taten die Aufgabe anderer ist.

Als positive Hilfe hat die katholische Kirche in den letzten hundert Jahren die christliche Soziallehre entwickelt, die sich mit sozialen Fragen auseinandersetzt. Dieser Teil der praktischen Theologie, auch unser ‚bestgehütetes Geheimnis'[11] genannt, hat in unseren Sonntagspredigten selten eine zentrale Stellung, vielleicht weil er unsere schnelle Anpassung an die Werte der Wohlhabenden verunsichern oder uns darauf hinweisen würde, dass denjenigen, die sich Christen nennen, ein radikaleres Engagement zukommen würde. Die Theologen überlassen die soziale Gerechtigkeit oft den Ethikern, die sich nur zu leicht auf persönliche, sexuelle und bio-ethische Probleme konzentrieren. Das Evangelium auf unsere Gesellschaft anzuwenden wird der prophetischen Stimme einzelner Führer überlassen. Unser katholisches System der Ernennungen stellt sicher, dass prophetische Führung sich selten mit denen deckt, die autorisiert sind, für die Gemeinschaft zu sprechen. Außerdem stehen die Praktiken der offiziellen Kirche oft den Positionen entgegen, die von der Soziallehre unterstützt werden. Es ist eine vordringliche Aufgabe, das Evangelium auf unsere soziale Realität anzuwenden und eine, die das Engagement jeder und jedes Getauften fordert, wenn es unsere Gesellschaft verwandeln soll.

Welche Konzepte können unsere Zeit ansprechen?

Wo stehen wir also, nicht nur in unserem Dialog mit anderen Glaubensrichtungen, sondern auch angesichts des nachchristlichen Westens? Ein Problem ist die Sprache. Sehr vieles in der religiösen Sprache ist normalen Menschen nicht mehr zugänglich. Mary Ward sprach vom ‚Heil der Seelen'; wir wissen nicht, was Heil bedeuten könnte. Zu lange wurde die Sorge für die Seele von der Sorge für den Körper getrennt; als Gegenreaktion verschwanden die Seelen vom Bildschirm. Während heute viele ein ganzheitliches Bewusstsein davon haben, dass sie Person im Leib sind, womit sich das Wort ‚Seele' verbinden könnte, müssen wir immer noch geistige Übersetzungsarbeit leisten, wenn eine kirchlichere Sprache gebraucht wird. Worte wie ‚Gnade', ‚Sakrament', ‚Himmel' und ‚Hölle' sind in unserem anerkannten Vokabular nicht mehr gebräuchlich oder sie beschreiben keine Realitäten in unserer heutigen Weltsicht mehr. Wenn wir aber diese Sprache verlieren, dann verlieren wir die Verbindung mit 2000 Jahren in denen Christen mit Problemen gerungen haben, die den unseren ähnlich waren. Wir schwächen unseren Sinn dafür, einer Gemeinschaft anzugehören, die das Zentrum unseres Glaubens mit weithin gebrauchten Formeln schützt, die der Übereinstimmung mit der

---

11. Peter J Henriot, Edward de Berri and Michael J Schultheis, *Catholic Social Teaching: Our Best Kept Secret* (Maryknoll: Orbis, 1988).

ursprünglichen Botschaft folgten. Wir sind Menschen des Wortes und Worte sind wichtig, um den Kern der Geschichte weiterzugeben. Taten sind noch wichtiger, aber Worte schenken Tiefe und Bedeutung.

Das Schlüsselwort bei all dem ist ‚Gott'. Wer ist der Gott, der im Zentrum der Botschaft steht? Gott ist ein Geheimnis in dessen Gegenwart wir, wie Moses, unsere Schuhe ausziehen, weil wir uns bewusst sind, dass wir auf heiligem Boden stehen. Teil der Sehnsucht, die sich im plötzliche zunehmenden Interesse an Spiritualität ausdrückt, ist eine neue Offenheit für das Mystische und das Bewusstsein, dass es im Leben noch eine weitere Dimension jenseits der rationalen gibt die wir erfahren, aber nicht deutlich aussprechen können. Die christliche Tradition kann so erscheinen, als wüsste sie alles über Gott, aber das ist eine Irrlehre. Tatsächlich versichert uns gute Theologie, dass alles, was wir über Gott sagen, Gott nicht einmal nahe kommt. Gott ist immer mehr als und jenseits unseres Verständnisses—unbegreiflich und unbeschreiblich! Wir können nur stotternd versuchen, zu begreifen.

Unsere christlichen Erkenntnisse kommen aus unserem eigenen Leben und flüchtige Blicke auf das Mysterium, wenn wir diese in Dialog setzten mit dem Leben Jesu und der hebräischen Bibel, die einen Rahmen für sein religiöses Leben bildeten. Zu jeder Zeit haben die Gläubigen über diese Texte nachgedacht und mit ihnen gebetet. Sie haben sie spirituell und rational erforscht und neu formuliert. Sie erbringen ständig neue Weisheiten, wenn wir uns ihnen mit den Nöten unserer Zeit nähern können sie uns zu einer tieferen Begegnung mit Gott führen.

Viele Menschen tragen ein verzerrtes Verständnis des christlichen Gottes mit sich herum. Ihr Bild kann das eines sehr dominanten Vaters sein, eines inkompetenten Regisseurs, der zulässt, dass schreckliche Dinge passieren, eines rächender Richters oder bestenfalls das eines unachtsamen Geschäftsführers, der hoffentlich die neueste Email mit der Bitte um Hilfe lesen wird. Keines dieser Bilder trägt ein theologisches Gütesiegel.

Christen haben tatsächlich ein Verständnis von Gott, das in den großen Weltreligionen einzigartig ist: unser Gott ist trinitarisch. Sowohl das Judentum als auch der Islam betonen, dass Gott Einer ist und andere Religionen verehren oft eine Anzahl verschiedener Götter. Die Christen behaupten, dass Gott Einer ist, aber dass die Einheit eine Gemeinschaft von drei Personen ist, verschiedenartig, gleich und sich gegenseitig in Liebe verschenkend. Wir können viel gewinnen, wenn wir mit unserer Erfahrung dieses Gottes beginnen, der in uns wohnt, der uns den

Weg zeigt und uns in fürsorgender Liebe umfasst. Die Lehre von der Trinität spricht davon, wie Gott mit uns interagiert und sie bestätigt, dass im Zentrum jeder Realität ein Verlangen nach Gemeinschaft und gegenseitiger Beziehung steht.

Etwa in den letzten 20 Jahren haben viele Theologen dieses zentrale Geheimnis auf der Suche nach Weisheit und spiritueller Nahrung wieder aufgegriffen.[12] In einem Zeitalter, das sowohl Gemeinschaft als auch Respekt vor der Person braucht, ermutigt uns der Gott der Gemeinschaft, der uns einen Platz im Kreis der Liebe in der Mitte des göttlichen Lebens einräumt, eine ähnliche liebende Umarmung zu wagen. Dieses Geheimnis Gottes fordert die Art und Weise, wie wir zueinander in Beziehung treten heraus, und auch die Weise, wie wir unsere Gemeinschaften organisieren. Bauen wir Gemeinschaften, die sich schenkende Liebe miteinander teilen oder bauen wir Pyramiden der Macht?

Die Vorstellung vom Heil steht in der Mitte der christlichen Botschaft. Was brauchen wir, die wir in dieser wohlhabenden Welt leben? Wenn ich an die mythische Hölle denken, voller Flammen, bewegt mich das nicht sehr, weil es in vielerlei Weise nicht in meine Kosmologie oder mein Verständnis von Gott passt. In den ältesten Berichten vom Leben Jesu sagen die Apostel den Menschen, dass wir in seinem Namen geheilt und gerettet werden. Zu jeder Zeit haben Prediger und Lehrer nach einer Sprache gesucht, die klar macht, was das bedeutet. Wesentlich dafür ist die Anerkennung einer Bedürftigkeit. Wo erfahren Menschen heute, dass sie der Heilung bedürfen?

Wenn ich mich hinsetze, um die abendlichen Nachrichten anzuschauen, ist die Verbindung von Schrecken, Furcht, Schuld, Ärger, Machtlosigkeit, Leid und Sinnlosigkeit eine starke Mischung. Angesichts der Situation unserer Welt kenne ich mein Bedürfnis nach Heilung, weil ich mich so machtlos fühle. Ich brauche etwas oder jemand außerhalb meiner Reichweite, um mir Hoffnung zu schenken und mich zum Handeln zu bewegen. Wenn wir diesen Ort der Machtlosigkeit in unseren Herzen berühren, kann das unser Leben auf Gott hin öffnen. Die Frage, ,ist Gott eine Krücke für die Schwachen?' verrät eine individualistische Anmaßung, dass die besten von uns nicht so verletzlich sind; Selbstgenügsamkeit nimmt den Platz Gottes ein. Die Stelle der Bedürftigkeit wird für unterschiedliche Menschen unterschiedlich sein, aber wenn wir unsere

---

12. Vgl Elizabeth A Johnson, She Who Is: The Mystery of God in Feminist Discourse (New York: Crossroad, 1992), and Patricia Fox, God as Communion (New York: Paulist Press, 2000).

Bedürftigkeit benennen können, dann können wir anfangen, eine distanzierte Sprache zu personalisieren.

Das ist verbunden mit der Vergebungsbedürftigkeit. In einer Welt, die unterteilt ist in Wohlhabende und Arme, weiß ich, dass ich dem Reichen näher stehe als Lazarus.[13] Die Fußstapfen, die ich auf unserer Erde hinterlasse, sind übergroß, denn ich komme aus einer Gruppe, die mehr als genug Nahrung, Wohnung und Kleidung hat. Ich bin mitschuldig an der Kluft, die Arm und Reich voneinander trennt. Jeder Gang zu einem Supermarkt vertieft mein geheimes Einverständnis. Beständig anwachsend führt diese Situation zu einer moralischen Schizophrenie oder einer zynischen Anpassung, die unsere Redlichkeit beeinträchtigt. Und das ist nicht der einzige Ort, wo ich spüre, dass ich in einem Netz verfangen bin, dass ich nicht entwirren kann. Wie der heilige Paulus tue ich in vielen Gebieten meines Lebens ‚das was ich nicht tun will'.[14] Zu wissen, dass ich bedürftig bin nach Verwandlung, nach Heilung, nach jemand, der größer ist als ich und die Führung übernimmt, ist ein Geschenk, in religiöser Sprache ein Moment der Gnade.

Gott heilt uns freiwillig, als Geschenk, in Liebe. Das ist die Botschaft, die Jesus uns gebracht hat. Die christliche Botschaft von der Heilung versichert mir, dass ich trotz allem geliebt werde, aber sie drängt mich auch dazu, daran zu arbeiten, die Dinge zu verändern. Heilung, Rettung in der christlichen Tradition ist ein Ruf zum Handeln, keine Belohnung für Passivität. Sie bestätigt, dass ich es nicht alleine tun kann, aber sie ruft mich auch dazu auf, mein Bestes zu tun. Mary Ward schreibt einen sehr schönen Text darüber, wie wir uns aus Verstrickungen lösen können, die das verhindern.

> ‚Ich nahm wahr, dass die Lektion, die ich nun lernen sollte, darin bestand, mich ruhig von allem freizumachen, was ich als ihm weniger wohlgefällig erkannte. Dies zu erreichen schien mir leicht möglich; ich ging darauf ein und bat darum mit Liebe und Hoffnung . Dies erschien mir der Weg dahin zu sein: Zuerst sollen sie es erkennen, dann danach verlangen und ein wenig Mühe dafür auf sich nehmen, und Gott würde alles übrige tun.'[15]

---

13. Lk 16, 19-31.
14. Röm 7, 15.
15. M Immolata Wetter, Mary Ward's Prayer, Talks given in Loyola and North America, 1974, 119 (kein Datum).

Für Christen ist Vergebungsbereitschaft keine Wahlleistung; sie bedeutet für die Versöhnung zwischen Völkern zu arbeiten, Versöhnung in meinem eigenen Leben und auf allen Gebieten von Misstrauen und Hass. Diejenigen von uns, die zu Mary Ward aufschauen, finden in ihrer Bereitschaft, ihren Feinden zu vergeben und gut von ihnen zu reden, eine bedeutende Herausforderung, besonders weil viele von ihnen von innen, aus der Kirche kamen. Sie betete sogar im Gefängnis für sie: ‚ich bitte Gott täglich inständig in meiner armseligen Weise, dass er all unseren Feinden vollkommen vergebe.‘[16] Ihre außergewöhnliche Vergebung für jene, die alles zerstörten, wofür sie gearbeitet hatte, gibt Zeugnis von den Forderungen, die dieses Geschenk uns auflegen kann. Es tröstet, dass auch ihre Gefährtinnen Schwierigkeiten hatten, damit fertig zu werden. Mary Poyntz schreibt, nachdem Mary ins Gefängnis geworfen worden war:

> ‚Ich bekenne meine Schlechtigkeit, es ist mir ein Gräuel geworden, einen Priester oder Pater zu sehen, (außer) am Altar und im Beichtstuhl, worin (Mary) mich scharf zurechtwies und sich bemühte, uns allen den Schatz, den sie selbst in unbeschreiblichem Maß besaß, einzuprägen, nämlich die Feindesliebe.‘[17]

Mary Ward spürte, dass Gottes Gnade - das heißt Gottes Liebe ‚in ihr am Werk war, ihr Leben führte und in ihr vollbrachte, was sie alleine nie tun könnte. Diese Gnade der Versöhnung mit Gott und miteinander scheint in unserer Welt dringend benötigt zu werden.[18]

Diese Vorstellungen von Heil und Vergebung sind beide eng verbunden mit einem Gefühl von persönlichem Wert, von Berufung: dass ich geliebt bin, dass mir einzigartige Gaben geschenkt wurden, dass ich berufen bin, etwas zu bewirken. Die Taufe feiert genau diese Dinge: Gottes Liebe ist mir geschenkt, leitet mich, ermöglicht es mir, mit Mitgefühl und Vergebung in unserer Welt zu leben. Ich wachse darin, je mehr ich zulasse, dass der Funken des Geistes in meinem Herzen Feuer fängt. Zu behaupten, dass der Geist Gottes in jedem Herzen wohnt, bereit unsere Sehnsucht zur besten Entscheidung hin zu lenken, bereit in Zeiten von Ernüchterung

---

16. Mary Catherine Eilzabeth Chambers, The Life of Mary Ward (1585-1645) , volume 2 (London: Burns and Oates, 1882), 363.
17. Chambers, volume 2, 350.
18. Vgl Robert Schreiter, The Ministry of Reconciliation: Spirituality and Strategies (Maryknoll: Orbis, 1998).

und Unglück, innere Stärke zu schenken, heißt zu behaupten, dass jede Person eine ungeheure Bedeutung hat. Das ist eine andere Sprachebene als der Anspruch, dass jede Person Menschenrechte hat. Er unterstützt diesen Anspruch, aber verbindet ihn mit einer persönlicheren, liebenden Beziehung. In einer Welt der zerplatzten Träume und der Anonymität könnte das Hoffnung für viele bedeuten.

Unsere christliche Tradition bestärkt nachhaltig den Glauben, dass diese Welt wichtig ist—sowohl die ‚Schöpfung' als auch die ‚Menschwerdung' bestätigen das.[19] Der Kurzschriftbegriff *Schöpfung* hat nichts zu tun mit einer Sache die in sieben Tagen passierte. Er umfasst den Glauben, dass Gott in unserer Welt gegenwärtig ist, dass die komplexe Geschichte der Evolution irgendwie die Botschaft von Gottes Engagement in unserem Universum entfaltet. Das Netz des Lebens, das reich und voll Überfluss ist, das kosmische Universum zieht viele Menschen hin zur Kontemplation. Wie viele, die aus einer christlichen Tradition kommen, verbinden das Geheimnis von Ehrfurcht, Freude und Staunen, das sie in der Natur erleben, mit dem Gott, der in den Kirchen, die sie früher besuchten, angebetet wird?

Viele Christen haben eine neue Tiefe in ihrem Leben gefunden, weil ihr Bewusstsein dafür gewachsen ist, dass Gottes schöpferischer Geist uns nicht nur in Gipfelerfahrungen vom Typ ‚Everest' geschenkt ist, sondern auch in den Augenblicken der Stille, in der täglichen Sorge und den Alltagsbegegnungen, die unser Leben ausmachen. Ein Gott der in uns wohnt, der über dem Chaos steht, der bei uns sein will, wenn wir verletzbar sind, der uns durch die Sehnsucht unseres Herzens zu sich lockt, dieser Gott ist auch am Werk, wenn unsere Herzen auf die Schönheit des Sonnenuntergangs antworten, auf Magnolien in voller Blüte und Entenküken, die im Bach schwimmen.

Menschwerdung ist der Begriff, der versichert, dass unsere Welt, unser Fleisch so ist, dass Gott sie erwählt hat, um sich selbst darin auszudrücken. Jesus, der kam, um unter uns zu sein, für uns, zeigt uns wie wir in Ehrlichkeit und Freiheit leben können, wie wir Entscheidungen treffen können, die auf andere hingeordnet sind, statt auf uns selbst. Er lebt vor, wie wir unser Engagement für die Werte, die solchen Entscheidungen zugrunde liegen, aufrecht erhalten können. Sein Leben und Tod und die Erkenntnis seiner Jünger, dass sein Tod zu einem neuen, verwandelten

---

19. Vgl Denis Edwards, Jesus, the Wisdom of God (Maryknoll: Orbis, 1995), The Breath of Life (Maryknoll: Orbis, 2004), and Made from Stardust (Blackburn, Vic: Collins Dove, 1992).

Leben führte, verkünden, dass wir sogar durch die Erfahrung von Verlust und dem Zusammenbrechen von allem, auf das wir gehofft haben, Sinn erfahren können. Jahrhunderte hindurch haben manche Menschen den Namen Jesu mit einem Fanatismus gebraucht, der die tiefen Glaubenserfahrungen anderer nicht respektierten. Sein Leben rechtfertigt das nicht. Jesus hat niemanden unter Druck gesetzt, seinen Standpunkt anzunehmen, sondern er lud immer wieder ein, seiner Botschaft zu folgen: Gott ist ein liebender Gott, der Sünder willkommen heißt, Fremde willkommen heißt, die Menschen am Rand der Gesellschaft erwählt und sie in den Mittelpunkt der Sorge Gottes stellt. Heutzutage ist klar, dass wir die Verbreitung des Evangeliums nicht vom Handeln für Gerechtigkeit trennen können und zwar auf jeder Ebene der Gesellschaft. ‚Wir müssen nicht nur unseren Nächsten lieben wie uns selbst, sondern auch so handeln, als ob wir es täten‘[20], verbindet das Handeln für Gerechtigkeit mit Ehrlichkeit.

Das Christentum ist kein individualistischer Glaube. Wir empfangen den Glauben durch eine Gemeinschaft, wir feiern mit einer Gemeinschaft, Gott fordert von uns, diese Gemeinschaft aufzubauen. Das ist für uns heute eine besondere Herausforderung. Nehmen wir die Aufforderung ernst, unser Leben durch die Eucharistie zu nähren, damit wir leben können, was sie verkündet? Erkennen wir, dass wir Vergebungsbereitschaft und Vergebung brauchen, durch das Wort geformt werden müssen, es zulassen müssen, in Christus verwandelt zu werden, Brot für andere zu sein, besonders für die Ärmsten? In einer Welt, in der der erfolgreiche Einzelgänger als Ideal gilt, sind wir berufen, aus einer anderen Vision, die Jesus verkündet hat, zu leben. Das können wir nur im Heiligen Geist tun und mit der Unterstützung anderer. Wir gehören zu einer langen Reihe von ‚Freunden Gottes und Propheten‘, die Mut, Kraft und Weisheit aus dieser vieldimensionalen und facettenreichen Gemeinschaft bezogen haben. Können wir zulassen, dass diese Vision ausstirbt oder verzerrt wird von denen, die sie einengen und der Freiheit berauben, die Christus uns gebracht hat?

Schweigen kann eine Gabe sein, weil es überzeugender ist als oberflächliche Worte. Es wurde schon zu viel gesagt und zu wenig getan. Jede und jeder von uns könnte damit anfangen, nach Wegen zu suchen, wie wir unsere Erfahrung wenigstens mit einigen der trockenen und staubigen Lehren der Vergangenheit verbinden können. Dadurch könnten

---

20. The Mind and Maxims of Mary Ward, Paternoster series 17 (London: Burns & Oates, 1959), 40.

wir unsere Verbindung zu einer viel größeren Gemeinschaft von Menschen entdecken, die mit uns entlang stolpern, als Suchende, Schwache, solche die aufgehoben werden um neu zu beginnen, die sich gegenseitig stützen in dem Streben, das Leben in Fülle zu leben. Die spirituelle Dimension ist schon immer ein Teil des menschlichen Lebens gewesen, sie wurde erfahren im intellektuellen Bemühen, im ästhetischen Streben, in liebenden Beziehungen. In unserer Zeit machen viele tastende Schritte, um diese Dimension ausdrücklicher zu erfassen und zu benennen. Wenn uns Christen die Gegenwart Gottes in unserer täglichen Wirklichkeit bewusster wird, könnte es leichter für uns sein, anderen mitzuteilen, was unserem Leben Sinn gibt, was uns beunruhigt, wonach wir in Hoffnung suchen. ‚Der Glaube wird nicht in erster Linie durch Priester oder Pastore oder Gelehrte weiter gegeben sondern durch das loyale und beseelte Volk Gottes.‘[21] Vielleicht ist eine tastende Ehrlichkeit ein zentraler Weg der Evangelisation heute, um mit dem wenigen, was wir festhalten, in das Gespräch einzutreten, und darauf zu hören, was andere aus ihrem Glaubensweg anbieten können.

Wir können mit Hoffnung vorangehen. ‚Ich bin sicher, dass Gott mir und den meinen helfen wird, wo immer wir sind‘, sagte Mary Ward 1635. Davor hatte sie diese hoffnungsvolle Tröstung empfangen:

> ‚Wie Gott erfreut ist über den geringen Eifer,
> zu dem er selbst mich zum Beginn bewegte,
> dass alles Gute von ihm kommt,
> dass mein Wille den seinen zu kennen und zu tun notwendig ist,
> um das Gute zur Vollkommenheit zu bringen,
> das er in meiner Seele gewirkt hat,
> dass ich arbeiten muss oder keinen Gewinn habe,
> aber dennoch nicht durch meine Arbeit gewinne,
> dass meine Ruhe nicht in dieser Welt liegt,
> und sie keinen Teil von mir besitzt.‘

---

21. Miroslav Volf, After Our Likeness: The Church as the Image of the Trinity (Grand Rapids: Eerdmanns, 1998), 18.

Stichwortverzeichnis

Christine Burke ist Provinzialoberin im Institut der Seligen Jungfrau Maria in Australien. Die Gemeinschaft ist allgemein unter dem Namen Loreto Schwestern bekannt. Christines seelsorglicher Hintergrund ist vor allem die Theologie, Erwachsenenbildung und seelsorgliche Formation. Mary Ward bietet für viele Menschen Inspiration und Herausforderung. Das Institut der Seligen Jungfrau Maria und die Congregatio Jesu sind die derzeitigen Erben von Mary Wards Vermächtnis und sie wirken in 45 Ländern.

CPSIA information can be obtained
at www.ICGtesting.com
Printed in the USA
FSOW02n0453030517
33734FS